AF190259

Günter von Hummel

# Ich liebe, also bin ich

Die Geschichte einer Erotomanie und der
Versuch  einer  Dialektik der Liebe.

**Vorbemerkung**

Es handelt sich in diesem Buch um den authentischen Bericht einer psychotherapeutischen Behandlung, wobei Namen, Zeiten und Orte und auch manche persönliche Umstände völlig verändert wurden. Zudem ist der Begriff Erotomanie eigentlich für ein wahnhaftes Sich-Geliebt-Glauben reserviert. In der vorliegenden Geschichte handelt es sich jedoch um den in der Psychoanalyse üblichen Begriff der erotischen, bzw. sexuellen *Übertragung*, die im Extremfall von der Wissenschaft eher einer Form des Stalkings zugeordnet wird, z. B. des beziehungssuchenden Stalkings. Dennoch habe ich im Unter-Titel den Begriff Erotomanie gewählt, weil im Rahmen einer Therapie von Stalking zu reden auch nicht sehr passend und zutreffend gewesen wäre und im Wort Erotomanie eher das anklingt, um das es in diesem Buch geht: eine Auseinandersetzung um Liebe und Begehren.

Herstellung und Verlag: Books on Demand, Norderstedt

ISBN  9783749482238

Lektorat F. Gfirtner, München

# Inhaltsverzeichnis

**FSC**
www.fsc.org

**MIX**

Papier aus ver-
antwortungsvollen
Quellen
Paper from
responsible sources

**FSC® C105338**

# 1. These und Antithese

Am letzten Mittwoch hat Jocelyne N. sich umgebracht! Es ist schrecklich und schwer zu fassen. Jocelyne N., die sich seit mehr als eineinhalb Jahren bei mir in psychoanalytischer Behandlung befand, hatte in der therapeutischen Beziehung extreme Liebesgefühle entwickelt. Es war, als sei sie von einer Bestimmung zu lieben direkt beherrscht, sagte sie oft. Ja, sie war so etwas wie die Inkarnation einer direkten, unmittelbaren und uferlosen Liebe gewesen, also geradezu die Inkarnation der Setzung, der These: „Ich liebe, also bin ich." Es war eine These, die nach einer Antithese, einer Gegensetzung, regelrecht verlangte, denn nur so hätte man die Wahrheit, die Synthese finden können. Aber Jocelyne N. war wohl ihr Leben lang von ihrer „Wahrheit" besessen, wenn auch etwas Echtes und Wertvolles bezüglich der Liebe im Generellen darin zum Ausdruck kam und ich aus diesem Grund davon schreiben muss.

Die Welt ist durch und durch erotisiert, sie ist durchdrungen von einem Liebesmagnetismus, den S. Freud Libido nannte, die erotische Energie, dem die Macht des Todes gegenübersteht. Schon Sokrates sprach vom Eros als dem Kern der Seele, sprach davon, dass „das Sein in seinem tiefsten Wesen die erotische Werdelust selbst ist".[1] Auch ich verstehe die Liebe hier in diesem Buch als ein mit

---

[1] http//interment/ kairosundkaos/Essays

dem Begehren zumindest in irgend einer Weise verbundene Wesenheit. Alles davon vollkommen Abgelöste, Abgehobene kann ich nur als Sympathie, als sozialpositive „Nächstenliebe" oder geistige Caritas, als transzendente Zugewandtheit begreifen. Selbst die Mutterliebe erscheint mir nur ein primäres Bindungsgefühl zu sein, das, wenn es intensiver ist, eben auch von Libido mitgetragen wird (dies war auch Freuds Ansicht). Und dass Gott z. B. Liebe ist, halte ich für ein konfessionelles Postulat, einen Primäraccount der Priesterkaste, während romantische Liebe, richtige Gefühlsliebe und Verliebtheit, zwar wohl etwas ist, was – wie der Psychoanalytiker J. Lacan sagte – der Komik zugehört, aber ebenfalls auch einen Teil des Eros darstellt.

Doch den eigentlichen Eros im umfassendsten Sinne können wir heutzutage nicht mehr sokratisch oder mythisch-mystisch verstehen, wie es früher einmal der Fall gewesen sein mag. Wir können ihn nur vermittels einer *der Liebe unterstellten Wissenschaft* begreifen, wie sie die Psychoanalyse darstellt. In Freuds Psychoanalyse stehen am Anfang zwei Grundtriebe, Eros-Lebens- und Todestrieb (Thanatos), die sich meistens von Anfang an vermischt zeigen. Wenn diese Mischung zu direkt, zu unmittelbar ausfällt, entsteht etwas Explosives – Freud sprach auch vom Polymorph-Perversen - d. h. von etwas Sadomasochistischem oder manisch Übersteigertem. Man muss den Trieben – will man schon dieses Freudsche Modell beibehalten – eine bessere, elaboriertere Mischung geben oder eben eine solche herausarbeiten. Man könnte dem Eros, dem Liebestrieb, z. B. die Mächtigkeit, ja – manche sagen sogar die ‚Gewaltigkeit' – der frühen Mutter gegenüberstellen. Mächtigkeit ist nicht Macht und

‚Gewaltigkeit' nicht Aggressivität. Dies – allein schon so davon zu sprechen – könnte bereits eine Antithese sein. Noch einige Tage vor ihrem Tod hatte Jocelyne N. mir folgende E-Mail geschickt:

*Lieber Dr. Hu,*

*hatten Sie heute irgendwelche Schmerzen oder so etwas? Oder machen Sie sich tatsächlich noch Sorgen um mich? Ich glaube das eigentlich nicht mehr, denn Sie haben mir ja auch kein Blut abnehmen lassen. Na ja. ich denke, Sie glauben auch, dass es doch keinen Zweck mehr hat!*

*Meine mails und Geschichten waren immer "wahr"'. Ich habe auch niemals verschwiegen, wie es "in" mir aussieht, habe auch darauf hingewiesen, dass ich immer gezwungen war, eine "Rolle" zu spielen, außer bei Ihnen, was auch mit ein Grund dafür ist, dass ich Sie so liebe. Und ich habe ja auch eingeräumt, dass ich zu hoch gepokert und verloren habe, und jetzt heißt es eben "Rien ne va plus!"*

*Sie sagten, Sie waren traurig – möglich, aber sicher nicht wegen mir. Zwischen uns hat sich eben doch was verändert, leider eben von Ihrer Seite, in eine Richtung, die eben nichts mehr an Gefühlen meinerseits zulässt. Ich würde ja gerne Ihren Augen glauben, ich habe immer viel darin gelesen. Aber jetzt spricht leider zu viel dagegen. Das meiste von dem, was Sie heute sagten, und eben auch das, was ich spüre, so massiv seit letzter Woche.*

*Auch haben Sie immer wieder darauf hingewiesen, dass "es" weiterhin Zeit brauchte. Was ist "es" und*

*Zeit wofür? Sie haben sich da niemals klar ausgedrückt, auch wenn wir von Sex geredet haben, blieb alles immer nur sehr vage. Und für wie viel "Zeit" sollte ich diese schlimmen Schmerzen noch "aushalten", die mein Leben bestimmen? Zu Ihrer Information: Mirtazapin nehme ich vor dem "Schlafen"-gehen, wenn ich habe, 2 45er, 15er die entsprechende Menge. Ich bin kaum eingeschlafen, wache ich schon wieder auf, eben so um 2 00 Uhr. Dann nehme ich nochmals Mirtazapin. kann aber dann trotzdem nicht mehr einschlafen Ich trinke meistens Rotweinschorle, oder am Abend auch mal 2 Gläser Rotwein pur. Sonst habe ich ja keine Medikamente - außer meinen eigenen, von denen ich eben auch schon öfter mal mehr genommen habe als gut war. Und selbst diese helfen nur begrenzt, so dass ich völlig daneben bin. Und da sind dann eben noch die "anderen." Und ich höre keine "Weltuntergangsmusik" (ich glaube nicht, dass man U2, Yes, Mike Oldfield, Eagles, Bach, Ravel, Händel, Mozart, Los Romeros etc. so bezeichnen kann)*

*Ich habe ja heute zu Ihnen gesagt, wenn man so hypersensibel, so "spürend" ist wie ich, dann helfen derartige Medikamente nicht. Sie scheinen irgendwie an meinen Empfindungen "abzuprallen", die sind eben doch zu tief, besonders in Bezug auf Sie. Und diese Quälerei Tag für Tag, wenn ich Sie nicht sehe und wenn ich "draußen" meine Rolle spiele, und dann Nacht für Nacht, wenn ich wach liege, Sie spüre und dem nicht auskommen kann, mit der Hoffnungslosigkeit mein Leben, aber besonders SIE betreffend Ihre Ankündigung, dass Sie jetzt eine*

*Woche und dann später drei Wochen nicht da sind. Ist es da ein Wunder, dass ich diese Qualen nicht mehr länger ertragen kann? Und ich provoziere das alles nicht, weder den Gerichtsvollzieher, den verlorenen Schlüssel, oder den kaputten UK-Schrank (was auch irgendwie paradox ist, da ich doch hier im Büro für die Apparate verantwortlich bin). Und dann das Lesen Ihres Buches, wo ich Sie jede Sekunde vor mir sehe, wenn Sie mich manchmal so zärtlich angeschaut haben, und zu wissen, dass Sie es sind, der das geschrieben hat, Wort für Wort, und dann . . . .*

*Dass ich als Kind der mütterlichen „Gewalt" ausgesetzt war, sagen Sie? „Gewalt" einfach im Sinne von Übermacht? Ich weiß es nicht. Ich bin eben leider nicht so einfach gestrickt, wie die meisten anderen, wie Sie ja auch aus meinen vielen Erzählungen und Reaktionen entnehmen konnten. Ich wünschte, es wäre anders. Dann wäre ich schon längst nicht mehr bei Ihnen. .Aber es gibt eben nur Sie für mich. Und entgegen dem, was Sie heute sagten, wenn ich Sie nicht von Anfang an "ernst" genommen hätte, das gespürt hätte, was ich gespürt habe, diesen "Blitz", dann hätte ich mich auch nicht in Sie verliebt, bzw. hätte ich nicht begonnen Sie zu lieben. Aber ich habe Ihnen das alles ja schon hundertmal gesagt, und hundertmal hat sich für mich nichts daran geändert. Aber wie es Ihnen heute so "rausgerutscht" ist. "Es hat sich was geändert . . . " und zwar von Ihrer Seite. Für mich ist meine Liebe zu Ihnen nur noch tiefer, ehrlicher aber auch hoffnungsloser geworden. Und doch muss ich wieder-*

*holen, dass heute etwas mit Ihnen los war. Etwas hat nicht gestimmt. Und nicht wie Sie sagten, mit m i r und dass ich mich an irgendetwas krampfhaft festklammern würde. Nein, an meiner Liebe zu Ihnen klammere ich mich nicht fest. Sie ist einfach da. Nein, es war etwas außerhalb von mir, etwas, das nur mit Ihnen zu tun hatte. Sie meinten zum Schluss, ich könnte nicht allein entscheiden, was weiter geschieht. Das tue ich doch nicht. Ich ziehe nur die Konsequenz aus Ihrer Entscheidung, aus Ihrem "Rückzug". Warum auch dieser "aufgewühlte" Gesichtsausdruck, als ich gegangen bin? ICH habe mich nicht von Ihnen zurückgezogen' Ich liebe Sie! Jocelyne N.*

In diesen Zeilen steckt eine Kurzfassung unserer Geschichte, unseres Redens und Missverstehens, unserer therapeutischen Beziehung und Missbeziehung. Aber kann man von Therapie im üblichen Sinne überhaupt reden? Es war ein so schwieriges Mit- und Durcheinander, sicher keine klassische, herkömmliche Psychoanalyse, eher – was ich später noch erklären will – eine Psychoanalyse mit anderen Vorzeichen, sozusagen „anders herum". Dennoch habe ich das getan, was in der Psychoanalyse als Kernpunkt ihres Vorgehens gilt: Ich habe den Platz des Eros leer, frei gehalten, damit der andere sich darin entfalten kann. Das ist natürlich verführerisch, aber nur in diesem Sinne habe ich mich zurückgezogen und keine entsprechende Entscheidung gefällt, aber wir haben trotzdem das Ziel, die Wahrheit, die Synthese nicht gefunden, die schließlich die Lösung hätte sein müssen. Denn wenn die These in dem „Ich liebe, ich begehre, also bin ich" bestand, so war ich die Antithese, die lautete:

„Die Liebe, das Begehren, ist nicht ein Sein, sondern ein Diskurs. Es ist eine Form tiefen Gesprächs, eine Art enthüllenden Dialogs, ein Aufgehen im Akt des sich Entäußerns."

Es gibt nicht dieses Liebesbegehren, so denke ich, das einfach i s t, das direkt existiert, unmittelbar, absolut, per se, so wie es Jocelyne N. behauptete. Wer glaubt, dass die *Liebe* wirklich handgreiflich, real fassbar, und einfach so aus sich heraus besteht und existiert, befindet sich auf einem problematischen Weg. Was einfach real existiert ist eher diese explosive Mischung, von der ich eingangs sprach. Aber die Liebe, von der ich hier reden will, hat vielmehr eine Chance in sprachlicher Enthüllung, im preisgebenden Sprechen, ja selbst im lautlosen Diskurs, im disziplinlosen Austausch der Signifikanten. Deswegen soll der Patient in der Psychoanalyse ja alles sagen, was ihm einfällt, selbst wenn es peinlich und blöde ist.

Auf der Seite des Therapeuten dagegen geht es um eine ,detached love', wie es der Psychoanalytiker G. Kohon ausdrückte,[2] was vom Übersetzer dieses psychoanalytischen Artikels mit ,getrennter Liebe' mehr schlecht als recht übersetzt wurde. Ich würde eher von einer abgeschminkten, respektvollen, gelösten Liebe reden, von einer Liebe, die aus dem Hintergrund, aus einer leichten Distanz heraus wirkt, indem sie sich nicht aufdrängt und sich als solche auch nicht zu erkennen gibt. Erst da, in ihrer intensiven Latenz entsteht sie richtig, denn nur wenn

---

[2] Kohon, G., Love in a time of madness. In Green & Kohon: Love and its vicissitudes, Routledge (2005) S. 41 – 100.

die Liebe sich authentisch und wahr von selbst, losgelöst von allem ausdrücken kann, ist sie wirkliche Verheißung, ist sie Verheißung einer Wirklichkeit. Zwar umkreisen auch die Liebesgeständnisse Jocelyne N.s einen wahren Ausdruck, aber das allein genügte nicht.

Deswegen genügte es auch nicht, dass Antigone in der gleichnamigen Tragödie des Sophokles sagte: „Nicht mitzuhassen, sondern mitzulieben ist mein Teil", der auch gut als Titel dieses Buches gepasst hätte, denn Jocelyne N. war eine Antigone, wenn auch eine Antigone ohne Ethik und ohne Erdung (ohne Bezug zur Realität). Die antike Antigone liebte zu sehr ihren Bruder und es geht ihr auch nicht nur um die göttliche Ethik, den göttlichen Befehl, die Dike (Recht) der Götter, wie sie behauptet. Liebe und Begehren sind in Antigones Tragödie völlig vermischt. „Geliebt" will sie mit dem „lieben Bruder im Totenreich ruhen", und auch Kreon, ihr Gegenspieler, sagt zu ihr: „Lieb doch deinen Bruder da unten".

Schließlich spricht sie dann noch das seltsame Wort, an dem schon Goethe herumgerätselt hat, nämlich dass man einen verstorbenen Ehemann jederzeit wieder ersetzen könnte, aber einen Bruder nicht. Dies lässt den Verdacht aufkommen, dass sie das Schicksal ihres Vaters Ödipus teilt: das Verwobensein ins Inzestuöse, in die explosive Mischung von Liebe und Begehren, die Antigone nicht überwunden hat. Und so war auch Jocelyne N. in die Liebe und das Begehren verstrickt, indem sie glaubte sich unter einer Art von göttlichem Befehl, von Bestimmung, sich verlieben zu müssen. Sie machte auch stets eine göttliche Figur, eine Art von magischer und transzendenter

Größe für ihr Leiden verantwortlich, die sie „Unimatrix Zero" nannte.[3]

*„Es tut so weh"*, diese nicht zu erfüllende und doch wie von jenseits her bestimmte Liebe, sagte Jocelyne N. so oft. Und jetzt bin ich es, dem es weh tun muss. Warum hat sie das nur getan? Sie war doch meine ernstgenommene Gesprächspartnerin, sie war – wenn dies jetzt auch etwas pauschal und beschwörend ausgedrückt ist – Kind, Patientin, Schülerin, Freundin, Geschichtenerzählerin, Analysandin und ständige Weggefährtin in diesem permanenten Kampf um die wahren Worte und den richtigen Weg einer Heilung. Sie war die Liebes-These, das Freudsche Lustprinzip, die Erotomanin, und ich musste mit meinem analytischen Denken das Realitätsprinzip sein, die Antithese, der Wahrheitslehrer. Doch eine zutreffende Wahrheit, Synthese, ein Jenseits all dieser Prinzipien, haben wir nicht mehr erreicht, obwohl wir ihr zeitweise sehr nahe waren wie ich noch schildern will. Denn von Anfang an war Jocelyne N. auch die Jenseitige, die aus dem Off Sprechende, die mit mir Getrennt-Zusammen-Sitzende, mit mir um die Wahrheit-Lüge-Ringende, die Nahe-Ferne, vertraut Fremde, und stets verwickelte sie sich eben auch in die Vielheit all dieser Widersprüchlichkeiten.

Fast in jeder zweiten Sitzung sprach sie von der Macht eines ihr bestimmten Schicksals, so als lebte sie noch in

---

[3] Der Name stammt aus der Filmreihe ‚star trek' und hatte wohl wegen ihres galaktischen Zusammenhangs für Jocelyne N. die Bedeutung einer weiblichen Göttin.

der Welt der Mythen und Sagen. Und tatsächlich erzählte sie immer wieder von germanisch-bretonischen Sagengestalten, von Märchenfiguren und magischen Riten. Ich habe sie samt ihrer Geschichten gemocht und gefürchtet. Ich habe diese ihre anstrengende Liebe nicht gewollt und ihr eher eine entgegengebracht, die man neben der Kursivschreibung noch zusätzlich in Anführungszeichen setzen müsste, eben diese ‚detached love', die etwas mehr ist als eine *„amour en titre"*, eine Wortliebe, eine Zuwendung nur dem Namen nach. Denn es geht um keinen gewöhnlichen Namen.

Es handelt sich vielmehr um einen eine tiefgründige Chiffre, ein Losungswort, einen wertvollen Eigennamen, der in jeder Therapie gefunden werden muss um die Heilung zu erreichen. Wenn ich also diesen in der Schwebe gehaltenen, von Verantwortung und Wohlwollen getragenen und nur in einer äußerst angemessenen Form „erotisierten" Pakt meine, den wir aus therapeutischen Gründen geschlossen haben, so weil er nichts mit vordergründiger Erotik zu tun hat oder haben sollte. Vielmehr wähle ich diesen von etlichen Autoren benutzten Begriff, in dem das Wort „erotisch" in diesem komplexeren Sinne gemeint ist, von dem ich eingangs gesprochen habe. Auch habe ich Jocelyne N. gegenüber von diesen direkten theoretischen Überlegungen nicht gesprochen, wohl aber habe ich mich ganz auf die Wortwahl, die Eros- und Sexvokabeln von Jocelyne N. eingelassen, wie es der Psychoanalytiker D. Mann beschrieb. Aber anfänglich fand ich nicht die dazugehörige ‚logische Praxis', wie Lacan die entscheidende Deutungsarbeit nennt.[4]

Jeder weiß, dass es in einer Psychoanalyse um sehr persönliche Dinge geht und auch der Analytiker nicht leblos, ohne Emotion und Selbsteinbringung bleiben kann. All dies bezieht sich auf das, was Freud eine „infantile Erotik" nannte. Der Begriff „erotisch" ist hier aus der Erwachsenenwelt entlehnt und auf die Kindheit zurückgebogen. So ist das Erotische in der Psychoanalyse speziell das aus der Vergangenheit unbewusst Gebliebene, es ist eher etwas Virtuelles (sich lediglich Spiegelndes) und etwas versteckt Symbolisches (das also in Zeichen, in Buchstaben, in Signifikanten kommuniziert werden muss), und es finden nicht direkte reale Beziehungsvorgänge statt, und wenn, dann müssen sie sprachlich ausgedrückt werden. Es geht tatsächlich wie bei den antiken Griechen um den Eros als Mittler zwischen Dies- und Jenseits, um die Liebes-Beziehung als solche, hinsichtlich der in ihrer letzten, tiefsten zwischenmenschlichen Art Erotik und Liebe nicht scharf trennbar sind, sondern erst in ihrem wahren Zusammenhang geklärt werden müssen. Es geht um die Analyse einer „infantilen, unbewussten Liebe" und ihre Verwicklung in die Erotik der Erwachsenen und um einen Ausweg in eine wirkliche Synthese.

Aber es geht auch um diesen Pakt, den man oft als das „psychoanalytische Arbeitsbündnis" bezeichnet, würde

---

[4] Mann, D., Psychotherapie – eine erotische Beziehung, Clett-Kotta (1999)

der Term „Arbeitsbündnis" nicht äußerst sachlich, ja fast kalt und anonym klingen. Und so ist es eben ein in seinen Bindungs- und Spannungsbeziehungen äußerst angemessener und bezüglich der Arbeit am Unbewussten doch auch fest und ernsthaft geschlossener Pakt. Ein Initiations-Pakt, ein intimer Vertrag, ein mephistophelisches Heilsversprechen,[5] das den Schwerpunkt nicht auf Loyalität setzt, sondern mehr auf eine gemeinsame seelische Archäologie, auf Findungslust, auf eine Herausforderung „mitzulieben". Aber wenn auch Jocelyne N. die Rätselhafte, die Geheimnisumwobene war, so war sie doch auch die so kranke, in sich isolierte, neurotische Frau, die dringend Hilfe brauchte. Ja, Frau, durchaus Frau, denn sie beanspruchte alle Facetten von Frau, auch wenn sie einmal gesagt hat, ich würde sie nicht als Frau sehen.

„Nur als Frau", habe ich geantwortet, denn in einer Analyse geht es immer um die weibliche Position als solche, um das Frau-Sein generell. Es geht darum, dass es neben dem Begehren, dem schon Freud grundsätzlich die Attribute „aktiv" und „männlich" zugeordnet hat, noch ein anderes – oder fast besser: das grundsätzlich andere Begehren geben muss. Vielleicht kann man nicht sagen, dass es ein unbedingt autochthon weibliches, feminines

---

[5] Ich möchte an dieser Stelle betonen, dass es fast unmöglich ist einem Außenstehenden das Wesen der Psychoanalyse zu vermitteln, ohne das Risiko erheblicher Missverständnisse einzugehen. Dennoch will ich diesen Versuch in diesem Buch hier machen. Ich richte also an den Leser eine Bitte um Wohlwollen bezüglich der Deutung persönlicher, intimer oder manchmal nicht so leicht verständlicher Ausdrücke.

Begehren ist, aber eben ein anderes, ein total anderes. Vielleicht ist auch der Ausdruck Begehren schon zu einseitig, zu prärogativ und vordergründig, vielleicht müsste man mehr von tiefen, unauslotbaren und eher wichtigen seelischen Erfahrungen sprechen, die schon in der Kindheit verschüttet wurden. Ja, das könnte diese These sein, dieses erste Gesetzte. Gesetzt wie auch immer als ein „ich liebe und begehre, weil ich nur als solcher existieren kann. Ich bin, weil ich liebe. Das Liebesbegehren, das „Mitlieben" ist mein Sein." Warum sollten die ersten seelischen Regungen eines Kindes nicht genau so formuliert sein?[6] Die Liebe ist wirklich, die Liebe ist dialektisch, sagte Hegel, und das heißt eben: die Liebe ist primär und diskursiv, sie ist ein ursprünglicher Diskurs, etwas, das zwischen These und Antithese solange hin und her geht, hin und her geredet und gewendet wird, bis eine Lösung gefunden ist.[7]

---

[6] Freud nennt das erste, das Ur-Psychische, den Trieb, und diese Ur-Liebe kann natürlich nicht ein Trieb sein. Aber sie könnte ganz entsprechend der Freudschen Lehre eine „Legierung der ersten Triebe" sein, also der Ausdruck einer Kombinatorik, in der die Liebe fast gleichzeitig mit ihrer Gegenbesetzung, der Aggressivität, auftritt.

[7] Hegel selbst ist jedoch dazu nichts mehr eingefallen, um diese Dialektik der Liebe zu schreiben und so schrieb er eine Dialektik der Geschichte. Ich möchte hier nochmals betonen, dass ich das Wort Liebe hier vorwiegend in seiner Verbundenheit mit dem Begehren, auch unbewussten Begehren, verwende. Eine völlig vergeistigte Liebe erscheint mir blass und die übliche Verliebtheit ist meist nur komisch.

Natürlich denkt sich ein Kind das alles nicht so, nicht in diesen Begriffen, Gedanken oder gar Überlegungen, aber es könnte sich am Anfang des psychischen Lebens um so etwas handeln, um eine primäre Form der Liebe, um all das es doch auch in fast jedem therapeutischen Zusammensein geht. Denn davon hat Jocelyne N. stets gesprochen und Psychoanalytiker wie M. Balint haben von diesem Anfang, von dieser „primary love" geschrieben, die auch eine Sucht nach Geliebtwerden ist, aber auch eine Antwort auf das Chaos des frühkindlichen, ohnmächtigen Zustandes. Denn das Kind ist nicht ein Körper, der langsam heranwächst und größer wird, sondern es ist von Anfang an in den Strudel begehrlichster „Beziehnisse"[8] geworfen. Es ist ein in die generelle Amourosität der Menschen hineingeworfener Beziehungsknoten. Diesen Knoten müsste man dann also nicht nur als polymorphpervers bezeichnen, es müsste sich nicht nur um aggressiv-sexuelle Mischungen handeln, sondern es könnte darin ein Begehren versteckt sein, das ich eben eher einen Anruf, eine Herausforderung zu lieben nenne. Das Kind kann dieses Begehren selbst nicht wirklich handhaben, und so verfällt diese erste Setzung einer Gegen-Setzung verwirrender Erfahrungen, ist also eher ein polymorphverwirrender Zustand. Ein Zustand von Gefühlen der Erregung und des Verrats (z. B. durch die Mächtigkeit der Mutter). Hierzu nochmals ein kurzer Auszug von einem Brief Jocelyne N.s, den sie mir allerdings erst viel später geschrieben hat:

---

[8] Ein Ausdruck des Kognitionswissenschaftlers D. Hofstadter, der damit die gesamte Komplexität von Beziehungen meinte.

*Die Liebe ist das Allererste, die Liebe und der Tod. Und weil ich jetzt so eine große Liebe haben durfte, deswegen bedarf es jetzt auch so eines großen Todes. Wer so grundsätzlich lieben durfte, stirbt auch so grundsätzlich. . . Das ist das generelle Gesetz. So haben Sie es mir doch selbst gesagt. Nur haben Sie gemeint, man müsste davor noch die „Triebe" setzen, wie Freud es aufgefasst hat. Aber was ändert das? Sie sagten, es gäbe nach Freud den Eros-Lebens- und den Todestrieb. Eine Vermischung dieser Triebe – meinten Sie - sei das Ur-Liebesbegehren, das vom Kind nicht umgesetzt werden könnte (wegen der Mächtigkeit und Gewalt der Mutter) und daher der Freudschen „Urverdrängung" erliegt. Aber ich denke, meine Auffassung ist doch viel einfacher und logischer: Die Ur-Liebe und der Tod sind in einer Macht vereint, die uns bestimmt, was wir auch aus den Sternen lesen können . . . Nur können wir nichts gegen das Urteil dieser Sternenmacht tun... .*

*Jocelyne N.* [9]

---

[9] Ich bestätige an dieser Stelle, dass Jocelyne N. mir zahlreiche Emails geschrieben hat, die ich oft beantwortete. In der klassischen Analyse galt dies als eine Verletzung der sogenannten Abstinenzregel (der Analytiker soll nur zuhören und deuten). In einer derart komplexen Fallgeschichte gelten jedoch andere Regeln. Gerade die zusätzliche schriftliche Auseinandersetzung kann viel zu einer Klärung des Falls beitragen. Siehe dazu die ausführliche Untersuchung von Treurniet, N., Psyche Nr. 1 (1996) S. 1 - 31

Doch Jocelyne N.s Auffassung hat den Nachteil, dass der Mensch vollkommen dieser Macht ausgeliefert ist, während ich ihr also nahe bringen wollte, dass man diesen ursprünglichen Beziehungsknoten der „primary love", des ursprünglichen Liebesbegehrens in Worten und Gedanken, im Gespräch und im schweigenden Miteinander völlig neu knüpfen kann und muss, damit es nicht immer den Gefühlen des Liebesverrats, des Sexismus oder der Verwirrung anheim fällt. Und genau das haben wir auch versucht. Zum Teil erfolgreich versucht, und trotzdem ist Jocelyne N. gegangen, weg, weit fort und hat vielleicht, diese Liebesdeutungskunst nicht verstanden. Warum musste sie das tun? Es gab keinen „Rückzug" meinerseits und mein angeblich „aufgewühlter Gesichtsausdruck" hatte nur mit meiner Sorge um sie zu tun. Doch sie hat mehr als hundert Mal davon geredet, dass ihr Leben zu Ende sei, aber sie hat dennoch nichts in dieser Hinsicht getan, weil wir eben immer wieder ein Wort, eine Geste, einen Blick oder eben ein Stück von jenem Etwas, von diesem „Blitz" oder „Gespürtem" fanden, das uns weiterhalf. Und jetzt dann doch! Einfach sich töten, sich wegräumen wie ein Ding! Sicher hat sie gedacht, dass ich ihren letzten Moment „spüren" würde, und zu einem Teil war dies sogar der Fall, wovon ich später noch schreiben will.

Ich habe als Psychoanalytiker versucht, Jocelyne N. eine Interpretation ihrer Gefühle, Träume und Phantasien zu geben und dass unsere Gespräche eine Klärung für jene Liebe zu mir sind, ihre erotomanische Liebe, die vielleicht zu echt war, zu entrückt, zu einsilbig und zu direkt. Dass eine Patientin ihren Analytiker liebt, ist in gewisser Weise nicht das Problem, weil in ihrer „unanstößigen"

Form – wie S. Freud dies nannte – diese Liebe normal ist. Sie ist dann einfach eine ‚positive Übertragung', ein positives Entgegenkommen. Aber ihre Liebe war zu extrem. Sie war wirklich ins Leben gesetzte Totalität. Sie war die Ur-These schlechthin. Wenn auch S. Freud ein Begehren, einen Trieb, an den Anfang setzte (Eros-Lebenstriebe und Todestriebe), so könnte also doch eine Mischung aus diesen Trieben so eine These darstellen:

Das Kind befindet sich mit seiner Mutter in einem Liebesrausch, in einem maßlosen Liebesanspruch, in einer Liebesprovokation. Das ist der Anfang. Es handelt sich um das, was auch die sogenannten Bindungstheoretiker behaupten: Liebe, Bindung zwischen Mutter und Kind macht den Anfang, rigoros, unersetzlich. Aber im gleichen Moment schon muss es so etwas geben wie eine Antithese dazu: das Kind kann dieses primäre Liebesbegehren gar nicht wirklich fassen, nicht halten, nicht in Beziehungen umsetzen, nicht vermittelbar ausdrücken (und auch die Mutter kann diesem Liebesanspruch nicht vollkommen genügen, weil sie zu sehr die Gewalt des Sprechens besitzt, die das Kind noch nicht versteht) und so muss das Kind in die Unersättlichkeit des Begehrens zurückfallen. Damit fängt das Leben in Zerrissenheit an.

Es geht dabei um ein ausgesprochen menschliches Begehren, nämlich das Begehren anerkannt, bestätigt, ja, als Kind z. B. selbst begehrt, gewünscht, gewollt, geliebt zu sein, aber auch selbst mitzulieben und dies nie genug erfahren zu können. Bei Freud ist das erste Begehren das orale, also das, was sich der Bedürfnisbefriedigung (nach Nahrung) substituiert, weil der menschliche Hunger immer auch Hunger nach Liebe ist. Aber das orale Begehren führt auch etwas Aggressives mit sich (manche sprechen sogar vom oral-sadistischen Begehren). Es ist aggressiv wie jedes Begehren. Doch es ist auch Liebe. Liebe, die noch entwickelt werden muss.

*Als ich siebzehn war, schrieb ich viele Gedichte über das liebesbegierige und -feindliche Klirren der Sterne in der universalen Nacht. Und später erschienen mir die Galaxien als gefühls- bewegte, erregte, schäumende und schmachtende, wütende und streitende heldische Wesen, gemacht aus Pyrit und Amesthyst und weiß Gott aus welchen sehnsuchtsvollen Steinen und Staub. Ja, Staub kann sehnsüchtig sein . . . It´ s an instant of eternity wich you `re living in.*

*And you `ll never get that old fairy tale, that everlasting silence of the future. . . . J. N.*

Jocelyne N. war Fremdsprachensekretären und deswegen benutzte sie oft englische oder französische Ausdrücke. Wie gesagt nennt man die normale Bindung, die „unanstößige" Liebe, in der praktizierten Psychoanalyse *Übertragung* (und man spricht auch von normaler *Übertragungsliebe*, indem hier der erotische Bezug schon anklingt). Wie wohl auch vielen Laien heute bekannt sein dürfte, versteht man in der Psychoanalyse unter *Übertragung* die Aktualisierung, Verschiebung und Verdichtung von Gefühlen, unbewussten Einstellungen und Bedeutungen auf die Person des Analytikers in einer eben positiv gestimmten Form. In diesem Sinne heißt sie auch „positive *Übertragung*". Nimmt diese *Übertragung* zu sehr erotische Formen an, so ist sie nach der Meinung Freuds der analytischen Arbeit eher hinderlich. Erst später erklärte Freud die *Übertragungsliebe* (also selbst wenn man in diesem Wort etwas eindeutig Erotisches anklingen lässt) für vorteilhaft, wenn sie im Rahmen eines Arbeitsbündnisses blieb und daher weiterhin „positiv" genannt werden konnte. Aber wir wissen heute, dass in der *Übertragung* das „Unanstößige" und das „Anstößige" oft sehr nah beieinander liegen, ja, dass der Kern der „Übertragung" eben immer auch etwas unbewusst Archaisches mitenthält.[10] Eben die These des Urliebesbegehrens ist in ihr wirksam und deswegen hat man die Antithese, hier jetzt nämlich die unmittelbare Reaktion, Antwort, des Analytikers auf die *Übertragung* des Patienten auch *Gegenübertragung* genannt.[11]

Wie soll man die Dialektik nennen, die sich zwischen zwei Menschen ausbreitet in diesem dramatischen Austausch von Worten, Spannungs- und Bindungsworten, Fühl- und Erregungsworten, Tag- und Nacht- und Angst-

---

[10] Krutzenbichler, H. S., Essers, H., Muss denn Liebe Sünde sein.? Zur Psychoanalyse der Übertragungs- und Gegenübertragungsliebe. Psychosozial Verlag (2002) S. 157, 159

[11] Die Gegenübertragung ist nicht eine Übertragung des Analytikers auf den Patienten, sondern eine Gegenreaktion des Analytikers auf dessen Übertragung. Es kann sich um Körperempfindungen handeln oder ein Bild, das vor dem inneren Auge des Analytikers auftaucht. Trotzdem ist meist nicht klar, um was es sich dabei bezüglich der Beziehung zum Patienten handelt. Die Gegenübertragung ist zwar gleichermaßen etwas Virtuell-Symbolisches, das also empfunden, aber nicht gewusst wird und sich so nur schwer für den analytischen Vorgang, nämlich über all das zu einer klaren Deutung zu kommen, was der Patient assoziiert, verwenden lässt. Wie man es dennoch in die Analyse einbringen kann, erwähne ich später.

und Hoffnungs- und Begehrens- und Nähe- und Ferne-Worten. Ein Austausch, in dem wir, Jocelyne N. und ich als ihr Therapeut uns doch gerade da begegneten, wo die Realität sich ständig in immer neu sich auftuenden Bedeutungen, Gründen und sich verästelnde Symbolisierungen auflöst und auflösen musste. Ein wildes Fluidum also aus „Unanstößigem" und „Anstößigem",[12] aus *Übertragung* und *Gegenübertragung*, aus einer Reziprozität widersprüchlichster Gefühle und Ideen. Doch es ist so, dass sich in jeder psychoanalytischen Behandlung eine *Übertragungs-Gegenübertragungs*-Dynamik einstellt, die – ich sage es ein letztes Mal –„im Kern ein wie immer auch verzerrtes Liebesgeschehen ist".[13] Und dennoch sieht es in all dem so aus, als wäre Liebe nur ein Wort.

Jocelyne N. kam im November 2005 in meine psychoanalytische Behandlung, nachdem ein Jahr zuvor ihr Mann an seiner Drogensucht gestorben war und sie „keine neue Lebensperspektive" mehr fand. Sie sagte, sie sei schon oft in dieser Situation gewesen und in letzter Zeit habe sie oft tramadolhaltige (betäubungsmittelähnliche) Tabletten genommen und Alkohol getrunken. Schließlich geriet sie mehr und mehr in eine Depression und ging letztendlich für zehn Tage in die psychiatrische Bezirks-

---

[12] Es ist ein seltsames Paradox, dass diese altertümlichen Bezeichnungen, die Freud verwendete, heute bei fast allen Menschen die Assoziation von „anständig" und „unanständig" hervorrufen, obwohl dies sicher eine Verschärfung und Negativierung der Freudschen Begriffe darstellt.
[13] Wellendorf, F., Die unheimliche Wirklichkeit der Übertragung, edition discord (2007) S. 23-43.

Klinik auf die Kriseninterventions-Abteilung. Auch da hatte es bei ihr schon Suizidgedanken gegeben. In der Klinik wurde nicht gleich medikamentös behandelt. Dort ließ man sie zuerst einmal reden. Und dort fanden sich auch Menschen unterschiedlichster Couleur, die selbst viel untereinander ins Gespräch kamen und im Dialog mit den Ärzten oft schon nach kurzer Zeit wieder Mut fassten und wieder entlassen werden konnten.

Auf Kriseninterventiosabteilungen trifft man nicht die Schwerstkranken, sondern meist die Gestressten, Gescheiterten und mehr existenziell Verzweifelten. Jocelyne N. mit ihrem langem rötlichem Haar, groß, schlank, umgeben von einer leicht mystischen-magischen Aura, war bald eine zentrale Figur und, von ihr selbst übertrieben ausgedrückt, die heimliche Therapeutin der Station. Nicht nur die Männer scharten sich um sie, auch mit vielen jüngeren Frauen, Gestrandeten, Unglücklichen und Verlorenen kam sie ins Gespräch. Jocelyne N. hörte zu und konnte selbst aus ihrem zerstörten, aber auch abenteuerlichen Leben erzählen. Als sie zu mir kam, konnte sie zurecht ein wenig über die wissenschaftliche Psychiatrie lächeln und ihre dortige Rolle persiflieren. Sie sagte, das Ganze habe ihr trotzdem gut getan, sie habe sich oberflächlich mit zwei Patienten angefreundet. Man hat ihr dann doch noch Tabletten mitgegeben, und nach zehn Tagen ging sie nach Hause, wählte aus einer Liste von Therapeuten, die man ihr gegeben hatte, mich aus und kam zu mir.

Sie kam wie hundert andere vor und nach ihr auch, erzählte von ihrem Klinikaufenthalt und dass sie von ihren depressiven Gedanken noch nicht geheilt sei. Natürlich täuscht die oben angegebene Schilderung über ihrem wahren Zustand hinweg. Erst später habe ich erfahren, dass sie schon mehrmals in der Psychiatrie war und zwei Suizidversuche hinter sich hatte und auch auf der Krisenstation nicht nur die strahlende Heldin war. Aber dies ist kein Werturteil. Ich will das alles extra so stehen lassen. Sie war eben so wie sie war, etwas schillernd, scheinbar extrovertiert, irgendwie aber auch ziemlich neurotisch. Noch immer – so sagte sie – habe sie den Tod ihres Mannes nicht verkraftet. Sie erzählte alle möglichen unwichtigen Einzelheiten, wie man sie eben am Anfang so erzählt und woraus sich in der Beziehung zum Therapeuten zunehmend eine richtige Geschichte, ein Roman, ein kleines Epos entwickelt. Oder ein Film, in dem der Therapeut sich manchmal wiedergespiegelt finden kann z. B. in einer Figur, die nur begleitend oder beobachtend ist. Alles sah zuerst ganz einfach aus.

Und dann dieses Ende! Natürlich war Jocelyne N. von Anfang an weiterhin suizidal, sie hat die Psychiater in der Klinik getäuscht. Und auch ich habe mich täuschen lassen. Sie hat zwar fast nie direkt mit einer Selbsttötung gedroht, aber doch oft von der „Bestimmung" ihres Endes durch dieses geheimnisvolle Schicksal gesprochen als würde sie selbst nichts dazu tun müssen. Einerseits musste ich doch geradezu denken, dass es so weitergehen würde, wenn wir auch nur kleine Schritte vorwärts kamen. Und so war es auch. Ich habe eine Lösung gesehen und diese Liebe auch nicht nur für eine Krankheit gehalten, sondern als etwas human Existenzielles. Unsere Gespräche haben uns so viel über die Frau und über die Psychoanalyse selbst enthüllt! Sie waren so wichtig, wenn auch manchmal vielleicht prätentiös, sie waren bedeutend, wenn auch sicher nicht für alle Welt. Sie haben stark an den Gefühlen und den Hintergründen unserer Leben gerüttelt, damit sich danach, im Moment der Einsicht, eine neue Perspektive hätte zeigen können. Andererseits umgab uns jedoch anscheinend auch tiefe Nacht, an der nicht zu zweifeln war.

20. November 2005 (Ein von zwei weit entfernten Teleskopen zusammengesetztes Bild des Lagoon Nebels im Sternbild Sagittarius war als Photo der folgenden E-Mail von Jocelyne N. beigefügt. Sie hängte auch sonst oft solche Bilder – auch das Umschlagsbild – an ihre E-Mails an). Ich hatte einen Traum: ich ging durch eine herrliche Landschaft. In der Ferne war Ygdrasil, der mythische Baum, da kamen vom Himmel zwei schwarze Gestalten herunter. Waren sie bedrohlich oder nicht? Doch irgendwo zur Seite stand ein Mann auf einem Gerüst und arbeitete an einem Haus. Ich ging weiter zu dem Baum, hatte jedoch keine Angst. Die Gestalten kamen näher. Doch irgendwo da war der Traum auch zu Ende. Jocelyne N.

Jocelyne N. war 47 Jahre alt. Sie strahlte einen gewissen Stolz und Selbstbewusstheit aus, was wie schon erwähnt ihr wahres Inneres verbarg. Sie wirkte emotional cool, war aber trotzdem breitgefächert in ihren Gefühlen. Sie war – sagte sie, was sie fühlte, von dieser Auffassung wollte sie keinen Millimeter abgehen. Sie kenne sich selbst hundertprozentig, meinte sie oft, und ich fragte sie dann manchmal, was ich ihr dann noch geben könnte. Eine prekäre Frage. Ich wusste aus den Klinikberichten über die Vielschichtigkeit ihrer Krankheit, ich wusste durchaus in etwa, was auf mich zukam, eine sehr komplexe Fragilität. Vielleicht eine Borderline-Neurose, eine für die analytische Psychotherapie grenzwertige Erkrankung, die aber so aussah, als sei sie nicht zu gravierend.

Jocelyne N. betonte anfänglich also, dass sie „keine Lebensperspektive, keine Freude, keinen Auftrieb" mehr habe, ihr Leben sei von allen Seiten her bedroht. Ihr Mann hatte ihr Schulden, eine zu große Wohnung, ein zu teures und zu großes, geleastes Auto und andere Probleme überlassen. So hatte sie einen Halbtags-Job als Fremdsprachensekretärin in einen biochemischen Forschungslabor annehmen müssen (sie beherrschte Englisch und Französisch in Wort und Schrift) und gab nebenbei Gitarrenstunden (sie hatte Musik studiert und spielte zwei Instrumente). War sie damit überfordert? Sie hatte doch so viele Talente! Anfänglich konnte sie die materielle Problematik noch kompensieren, indem sie z. B. ein Zimmer untervermietete, was ihr jedoch später nicht mehr gelang. So erzählte sie mir zuerst auch nur wenig über ihr unmittelbares Leben und dass ihre Mutter ihr noch finanziell aushalf.

Sie sprach zwar von den letzten Monaten im Leben ihres Mannes, dass sie noch zwei Brüder habe und die Mutter. Aber sonst erwähnte sie nur einige Äußerlichkeiten und hüllte sich auch mir gegenüber anfänglich oft in mystische Gedanken. So sprach sie über das Hiawatha-Epos der Irokesen, ihre Kenntnisse von Flugzeugträgern, Edelsteinen und Fabeltieren, denen sie sich verwandt fühle, und machte dann wieder ein paar Bemerkungen über ihre Arbeit, deren wissenschaftliche Mitangestellte sie mit der Mannschaft des Raumschiffs Enterprise persiflierte. Germanische Sagengestalten vermischte sie mit den Bildern ihrer Träume und französischen oder englischen Zitaten aus Liedern und Songs moderner Musiker. Einerseits war es, als lebte sie in einer Märchenwelt und andererseits ging sie doch regelmäßig und vernünftig ihren Berufen nach, traf gelegentlich Freunde eines Stadtteilstammtisches oder besuchte ihre Mutter.

Es schien doch alles gar nicht so schwierig zu sein. Und ihre Gedanken hatten scheinbar eine klare, von ihren tiefen Gefühlen her bestimmte Logik. Es schien so, als wüsste sie stets was sie wollte, weil die alten Mythen, die Astrologie und Homöopathie ihre Welt war, in der sie sich auskannte und geborgen fühlte. Doch immer war da auch eine „kleine Unklarheit", die ich erst spät erkennen sollte. Warum murmelte sie plötzlich englische Zitate vor sich hin oder beschwor irgendeine Figur aus Tolkiens „Mittelerde", ein Film, den sie wohl zigmal gesehen hatte? Warum träumte sie manchmal ganz kurz vor sich hin, als hätte sie flüchtige Absenzen?

In dem obigen Traum habe ich mich als der Mann auf dem Gerüst gesehen und ihr das auch so gedeutet. In einer Analyse bringt man sich als Therapeut ins Spiel, indem man sich in den Träumen der Patienten in der Position einer begleitenden, mitbeobachtenden und doch zentralen Figur wiedererkennt. Denn die schwarzen Gestalten waren vielleicht ihr toter Vater und ihr toter Mann, aber vielleicht auch die Brüder. Aber damit, dass ich der Mann am Gerüst sein könnte, konnte ich ihr deuten, dass die Hilfe, die ich für sie darstellte, schon in ihr zu sehen ist und sie diese Erkenntnis stabilisieren würde. Gerade weil der Mann auf dem Gerüst so beiläufig, so neben dran zu sehen ist, spiegelt sich darin der ebenso „neutral" neben dran sitzende Analytiker, interpretierte ich ihr das

Traumbild. Natürlich war dies auch ein verführerisches Angebot, das heißen konnte: ich bin schon in Ihnen, ich bin schon als ein begleitendes Wesen in Ihrer Seele vorhanden. Im Unbewussten sind wir schon eine Einheit, bevor wir überhaupt angefangen haben uns auseinander zu setzen.

Hier liegt ein grundsätzliches Problem der Psychoanalyse: „Schon allein die Tatsache, dass wir Analytiker da sind, um als Anderer[14] zuzuhören, macht alles sehr schwierig und viel mehr noch, wenn wir durch die Art, wie wir darin eintreten, den verführerischen Charakter der Analyse akzentuieren," schreibt Lacan.[15] „Er ist zwar nur verführerisch auf der verbalen Ebene, aber das genügt!" So sind wir im Prinzip schädlich für den Patienten, heißt es weiter, weil wir ihm durch unsere zugewendete Aufmerksamkeit Liebe geradezu suggerieren, anstatt dass wir ihn von Anfang an in der Übertragung, also in seinen auf uns bezogenen Empfindungen, Einstellungen

---

[14] Gemeint ist hier der bedeutsame *Andere,* der groß zu schreibende *Andere*, wie es ursprünglich die Eltern für das Kind waren und der später z. B. durch Lehrpersonen und den Analytiker repräsentiert wird. Dieser *Andere* wird von Lacan nur noch mit groß A bezeichnet, weil dieser Buchstabe konzentriertest die symbolische Anwesenheit, ja die Anwesenheit des Symbolischen in uns selbst, in unserem Unbewussten ausdrückt.

[15] Lacan, J., Les formations de l'inconscient, Seminaire V, ed. seuil (1998) S. 430 Verführerisch ist schon die Aufforderung, „alles zu sagen, was in den Sinn kommt", Heikles, Peinliches, Intimes, mit dem die Therapie beginnt.

und Bedeutungen, ein bisschen warten und meist sogar zappeln lassen, so dass er sich selbst finden muss ohne ein eigentlich fremdes Zutun. Wir sind voll Empfänglichkeit für ihn und wundern uns dann, wenn er diese Generosität, diese unsere Hingabe an ihn, diese „weibliche" Erotisierung aufgreift und weiter führen will. Wir sind es, die die These des innigen Zusammenhangs von Liebe und Sein aufstellen, sie setzen, gesetzt, d. h. zum Gesetz machen, um dann gleichzeitig in unseren Deutungen eine Antithese geben wollen.

Wir also sind es, die anfangen zu sagen, dass der Patient sich preisgeben soll, und das heißt, dass wir endlos an ihm interessiert zu sein scheinen, dass wir also geradezu von einer Herausforderung, ja von einer *Berufung zu lieben* geködert sind und uns nicht wundern dürfen, wenn auch der Patient diesen roten, diesen stark geröteten Faden aufnimmt. Jocelyne N. erzählte also alles, was ihr so einfiel und sie wirkte dabei irgendwie innerlich fahrig, wie zerrissen. Aber dies erschien mir anfänglich nicht gravierender als wir alle in unserem tiefsten Unbewussten gespalten sind.[16] Einerseits existierte da also die Welt mädchenhafter Phantasien, die Welt von Helden und heroischen Frauen, die Welt von Über-Männern und Feen und dann eben andererseits wieder die normaler und realer Alltagsgestalten und Alltagsereignisse. Einige Male erzählte sie mir, dass sie schon in der Schule wegen ihrer langen roten Haare „Hexe" und Zauberin" gerufen wurde

---

[16] Wer nicht gespalten ist, ist verrückt, schreibt Lacan an ähnlicher Stelle.

und dass sie immer das Gefühl gehabt hätte, sie würde in diese Rolle der Außenseiterin, der Geheimnisvollen, des Mädchens, das anders ist als alle anderen Mädchen, gedrängt, ja geradezu gezwungen werden. Schon unter ihren Jugendfreunden konnte sie keiner durchschauen. War sie schon damals eine jener in sich selbst zerrissenen Frauen, die eigentlich gerne die umsorgt und behutsam Geliebte sein möchten und nach außen hin doch die unnahbar Fremde und Perfekte spielen müssen? Nein, ich mag diese pauschal-psychologischen Theorien nicht. Sie war eben die besonders Empfindsame, die übersteigert Feinfühlige, die vielschichtige Frau. Die Komplexität ist es doch, die das Wesen der Frau ausmacht, wenn dies auch vielleicht die Gefahr der seelischen Krankheit beinhaltet. Aber die Stelle dieser „kleinen Unklarheit" war mir noch nicht sichtbar, obwohl ich sie immer wieder mit ihren Gedankensprüngen konfrontierte.

Durch die älteren Brüder war Jocelyne N. immer mit den Jungen spielen gegangen und meistens war sie noch wilder als diese. Sie war frühreifer und intelligenter als ihre Kameradinnen und schaffte ohne Probleme das Abitur. Sie las alles, was ihr in die Hände fiel, auch wissenschaftliches Zeug und technische Abhandlungen, auch Lyrik und Phantasiegeschichten. Natürlich kannte sie die Mythen vieler Völker, speziell englische und amerikanische Literatur, Astrologie und Homöopathie. Sie schrieb Gedichte mehr melancholisch tiefsinniger Art, stritt sich erbarmungslos mit ihrer Mutter, die sie als schrecklich dominant empfand. Sie konnte sich nicht erinnern, dass die Mutter sie liebevoll gestreichelt oder gar der Vater sie gelegentlich einmal – ohne den Grund einer Begrüßung z. B. – in den Arm genommen hätte. Dabei war ihr Elternhaus absolut nicht lieblos, doch hatte Jocelyne N. stets das Gefühl, das einzige weibliche Wesen in der Familie zu sein. Nicht nur für sich, sondern auch für den Vater und speziell auch für die Brüder. Und zudem meinte sie, sie sei als drittes Kind gar nicht gewollt, und das heißt psychisch: nicht begehrt, nicht gewünscht, nicht intensiv genug geliebt worden zu sein.

Die Mutter war für sie ein anstrengendes, mit ihr rivalisierendes Neutrum. Die Mutter war stark, sie beherrschte gut ihre überschaubare, kleine Welt und so war sie kein ideales Vorbild für das, was man eine reife, volle und taffe Frau nennen könnte. Eben diese Lücke füllte Jocelyne N. aus, aber sie konnte damit in der Familie nicht reüssieren. Und so kam sie früh in Konflikte mit sich, ihrer Mutter und ihren zeitweiligen Freundinnen. Doch auch später hatte sie mit ihrer Stadtteilclique die gleichen Probleme, weil sie die Jungen nicht als Anführer akzeptierte. Einmal hatte man sie mit brennenden Zigaretten gequält, weil sie in einer Disco nicht die Animierdame spielen wollte. Da haben ihre Freunde, Brüder und die Eltern und die Gesellschaft versagt sie zu schützen.

*09. Dezember 2005*

*In Dublin haben mein Mann Jimmy und ich ein Faksimile des Books of Khells gekauft. Es ist das Buch der ersten Mönche Irlands, voll von Geheimnissen in seinen kalligraphischen Schriftzeichen. So etwas Besonderes haben wir uns hin und wieder mal gegönnt. Als wir später kein Geld mehr hatten, mussten wir es hergeben. Ich denke, ich muss wieder hinfahren. Ich muss all diese Wege nochmals gehen, die wir damals zusammen gegangen sind. Nach Galway, nach Kork, auf den St. Patricks Mountain, die milde würzige Luft wieder atmen . . . .Ach ja, da fällt mir mein Lieblingslied wieder ein: „Ready to fly", ich möchte wegfliegen, meine Sachen packen und weg. Einen Schlafsack und ein Zelt, eine Hose und ein paar Hemden . . . . Warum rede ich bei Ihnen in der Stunde immer vom Wegfliegen? The sky is so far, ready to fly.*

*Jocelyne N.*

Ich tat vorerst das, was allgemein als absolut richtig gilt in derartigen schwierigen Beziehungen wie sie eine noch zu undifferenzierte *Übertragung* darstellt. Nämlich nicht den kühlen, nur deutenden, spiegelnden Analytiker zu repräsentieren, sondern sich direkt mit einzelnen Aspekten des Patienten zu identifizieren,[17] um dann von da aus äußerst kleine Interpretationen zu geben und auch ein wenig und letztlich auf die Thematik der Psychoanalyse eingeschränkt die eigenen Gefühle zu äußern. Man muss, heißt es in der Fachliteratur, sich neben und hinter den Patienten stellen, wenn man ein strukturelles Problem vermutet, es also recht diffus und unklar ist, wo der Patient überhaupt ein Problem hat.[18]

*Sehr geehrter Dr. Hu,*          *16. Dezember 2005*

---

[17] Es geht bei diesem Identifizieren nicht um ein blindes Identisch-Sein, sondern um eine mitarbeitende, mitfühlende und gleichzeitig abwägende „psychoanalytische Einfühlung" (Bolognini, S. Probleme der psychoanalytischen Einfühlung, Psyche, Nr. 9, !0 (2007) S. 864 -888
[18] Rudolf, G., Strukturbezogene Psychotherapie, Schattauer Verlag (2006) S. 121

*ich habe Sie in der letzten Stunde nicht verstanden, als Sie von der Übertragung und Sublimierung geredet haben. Ich glaube nicht, dass es so etwas gibt. Die Gefühle sind doch elementar. Meine Empfindungen können mich jedenfalls nicht täuschen und wenn sie noch dazu durch astrologische Daten gestützt werden, kann man sich absolut darauf verlassen. Können Sie mehr wissen als die uralten, milliardenfachen Sterne . . ? Diese Vielheit der Sterne drückt doch vielmehr als jede Psychologie aus, was es mit den Beziehungen der Menschen auf sich hat. Wenn man sich ihren Bewegungen, Spiralen und Ellipsen, ihrem wunderbaren und majestätischen Zusammenspiel überlässt, weiß man wo die Bestimmungen liegen, die Wahrheiten. Und mit den alten Sagen ist es doch genauso. Alle Gefühle und Tragödien haben sie schon durchgespielt, was kann Psychologie noch dazu beitragen? J. N.*

Die *Sublimierung* (Verfeinerung), so erklärte ich Jocelyne N., ist eine früh einsetzende Umsetzung von Triebkräften in Kultur, Arbeit, Kunst etc. Freud selbst hat jedoch noch bemerkt, dass diese Kultivierungen, Rationalisierungen und künstlerischen Umsetzungen ein Unbehagen in der Kultur übrig lassen, dass also sozusagen ständig etwas unbefriedigt und unerledigt in uns zurückbleibt. Eben, wir erfahren Kultur und selbst Kunst nicht so elementar, so körperbezogen, so dicht und hautnah, dass darin alle Triebkräfte sich austoben könnten. Vielmehr kommt es immer wieder zu irrationalen Durchbrüchen der Triebkräfte, weil sie eben nicht alle sublimiert sind.

Bei solchen theoretischen Erklärungen blieb Jocelyne N. coll und gelassen, mit so etwas ließ sich nichts vermitteln. Dennoch bin ich davon ausgegangen, dass es so etwas geben muss: eine zugewandte, wärmende Haltung, die nicht unbedingt das krasse Gegenteil der kühlen analytischen Neutralität sein muss und doch die Realität zurechtrückt. Eine Gratwanderung zwischen der vorhin zitierten Schädlichkeit des Analytikers und einer dennoch realen Hilfe. All das schließt Nähe, denn man kann immer noch eine Nuance von Reserviertheit, einen Hauch von Abstand selbst in der größten Nähe bewahren.

Darin liegt vielleicht gerade das Wesen des Therapeutischen, dass man sich wie im Theater oder im Film in allen möglichen Figuren wiedergespiegelt, selbst erfahren, ja erleben kann, und doch ist es Theater oder Film, eine subtile Irrealität also. Ein Kunstwerk. Ein Flechtwerk. Erlebnis und Neutralität, Nähe und Distanz sind im selben Moment vorhanden, vielschichtig, bunt, komplex. Und wenn der Film zu Ende ist, muss es eine Übergangsmöglichkeit geben in den Film draußen, den wir Realität nennen, weil es das gleiche Substanzielle ist, das gleiche „kontaktlos Berührbare", wie es der Philosoph J-L. Nancy nennt, das „Distinkte".[19] Ich habe also ein klare Chance gesehen und auch „gespürt", dass Jocelyne N. sie sieht, dass ein Freitod vermeidbar ist, vorerst und auf längere Sicht jedenfalls.

Jocelyne N.s Suizid hat alle getroffen, die Mutter, die Freunde, die Kollegen und auch mich. Denn es trifft mich zwar – denke ich – keine reale Schuld an diesem Tod, aber ich hatte doch starke Schuldgefühle und quälte mich mit Selbstvorwürfen. Wo habe ich Fehler gemacht? Was war falsch? Oder fehlt mir nur so plötzlich der Austausch

---

[19] J-L. Nancy, Am Grund der Bilder, diaphanes (2003) S. 9

dieses unseres Substanziellen? Das konnte man doch anscheinend so gut mit ihr erfahren, weil sie diesbezüglich mehr „spürte" als viele andere. Jedenfalls habe ich so ihr „Spüren" verstanden und als etwas erachtet, mit dem man ihr durch ihre ihr eigenen Fähigkeiten helfen und die Psychoanalyse vertiefen könnte. Aber - wie bereits mehrmals gesagt – soweit waren wir noch nicht, ich habe weit vorausgegriffen, weil ich vor lauter Betroffenheit alles schnell niederschreiben wollte, um eine endgültige Klarheit zu finden. Ich muss demnach noch einmal kurz zu den Anfängen zurückkommen.

## 2. Wa-Sha

Anfänglich also waren diese Probleme nicht zu bemerken. Die liebestolle Erotik gab Jocelyne N. in ihren Äußerungen erst viel später zu. Nach kleineren Schwierigkeiten zu Beginn verliefen die Gespräche zwischen Jocelyne N. und mir in den ersten zweieinhalb Monaten zunehmend differenzierter und oft richtig gut. Sie schilderte mir zwar nach wie vor die Aussichtslosigkeit seit dem Tod ihres Mannes, konnte sich aber mehr und mehr von ihrer Trauer distanzieren, weil sie erkannte, wie sehr ihr Mann sie mit seinem sich durch Drogen Bewusst-zu-Tode-Bringen verletzt und beschädigt hatte. Er konnte ihrer Erscheinung und Hexenhaftigkeit, ihrer Stärke und Bildung nicht genügen. Er war beruflich nicht sonderlich erfolgreich und als Mann nicht fest, stark, erfinderisch und beständig genug und, wie sie später einmal sagte, sexuell gehemmt gewesen. Schließlich musste sie ihn monatelang pflegen, sie wollten beide „kein Mitleid" von anderen Menschen erfahren und er sollte zu Hause einschlafen können. Sie hatte sich extrem mit der Aufopferung an ein humanitäres Ideal belastet.

Dann erzählte sie wieder ihre Träume von wilden Tieren, vom Adler und Puma, mit denen sie wie per du war, von den Ur-Landschaften der Bretagne oder Irlands, die sie oft früher allein mit Zelt und Hund durchquert hatte, immer im engen Kontakt mit der kargen, mystisch-mythischen Flora und Fauna. Allein mit den Fischern von Saint Malo fuhr sie weit aufs Meer hinaus, mit irgendwelchen Bauern in den letzten Winkeln von Mayo hatte sie immer wieder Kontakt. Die Besitzer einer sehr hoch gelegenen Hütte im Friaul waren wie ihre zweite Familie. In einem Schulheft, das ich zufällig besitze, weil sie es mir einmal gab, damit ich ihr früheres Leben verstehe, schrieb Jocelyne N. mit 17 Jahren ein Gedicht, von ihr selbst oder abgeschrieben:

*Velvet stars and cloudy sunlits run around my cracy mind*
*I´m enciocled by the tear drops in my eyes, the make me blind*
*Drifting slowly into confusion, being helpless in the night*
*Thinking anxiously . .*
*Where is the way my heart is searching for and my soul can´t find*
*I´m taging to unwind: I beg you, life, don't give me up*
*And please have faith in me as I have faith in you.*

Auch zahlreiche andere romantisierende Gedichte und schwärmerisch überemotionale Geschichten standen in diesem Heft. Und auf einem Tagebuchblatt schrieb sie: ca. 20 Jahre später:

*Ich war die ganze letzte Zeit ziemlich fertig. Manchmal glaube ich, dass ich gar nicht mehr richtig auf die Beine komme. Nichts gelingt mehr, die Beziehungen der Menschen erscheinen mir so hohl. Bin so schrecklich depressiv, so negativ eingestellt. Ich komme nicht mehr mit mir klar, habe keinen richtigen Lebenswillen mehr, keinen Zug in die Zukunft. . .Wofür soll ich noch leben . . J. N.*

Jocelyne N. hatte sich also schon früh im Leben irgendwie isoliert. So sehr sie auf der einen Seite die wilde, burschikose Eigenwillige war, so sehr hat sie sich auch in die Welt märchenhafter und sehnsuchtsvoller Phantasien gestürzt. Aber wer tut das nicht? Sie sagte oft von sich selbst, dass sie sich nicht nur schon früh, sondern auch gerade jetzt wieder als „outlaw", aber auch als etwas Be-

sonderes gefühlt habe. Mit ihren roten Haaren, ihrer großen, schlanken Figur und ihrem wachen, aber auch aus-
schweifenden Geist hat sie sich immer mehr als einen bestimmten Typ von Frau gesehen, der völlig anders ist als
die anderen Frauen und der eben anders lieben muss. Der
„spürt", d. h. die unbewussten Regungen der anderen irgendwie intuitiv zu erfassen glaubt im Sinne dieses von
von dem Therapeuten E. Gendlin postulierten „Felt Sense" und davon krankhaft bedrängt und überflutet ist, aber
dadurch auch empfindsam, spürsinnig, hellhörig, feinfühlig reagiert.[20]

Alles war ihr nahe, und sie hatte schon immer Schwierigkeiten gerade mit den Dingen, die ihr nahe waren, auch
Distanz herzustellen. In der Pubertät an hat sie sich als
„Hexenfrau", als Lilith, als Sphinx, als jene weitaus viel-
schichtigere Frau gesehen, die vielmehr ihrer Seiten aus-
lebt als die bürgerlich zwanghaften Mädchen, die später
heiraten und Kinder haben oder einer sturen Karriere folgen. Sie war auf jeden Fall nicht die Frau, die in der Ehe
– wie Lacan sagt – „die Funktion hat, der Beweis der Ge-
duld ihres Mannes zu sein". Sex, meinte sie, war ihr immer sehr wichtig, aber es hätte ihn kaum in ihrem Leben
gegeben. Das sei wohl Schicksal gewesen. Sie spielte Gitarre und sang die melancholischen Lieder der Edith Piaf
oder von Juliette Greco, sie umgab sich mit „gothic ro-
mantic", sie träumte von dem universalen Mann ohne

---

[20] Gendlin, E., Körperbezogenes Philosophieren, Focusing
Band. 5, worin der Autor eine Methode beschreibt, die durch
körperbezogene Selbsteinfühlung einen Sinn (Felt Sense) her-
vorruft, der dann philosophisch interpretiert werden muss.

auch nur eine geringe realistische Vorstellung davon zu haben. Sie liebte Science fiction, Pop und die Steppen Mittelamerikas, die pastellenen Lichterscheinungen der Connemara in Irland, die monolithischen Kultgräber, die Berge Friauls, Spinnen, Skorpione und Schlangen. So zumindest stellte sie mir ihr Leben dar. Alles erinnert ein bisschen an Lilith, Adams erste Frau.

Mit ihrer Mutter dagegen lag sie ständig im Streit, vom Vater wurde sie nicht wahrgenommen. Der Vater war schwach, hilflos und mit seiner Arbeit und dem Schrebergarten beschäftigt. Er hat keinem seiner Kinder eine Identität der männlich-patristischen Welt vermittelt, der Eroberungswelt, der Welt, die man im Überflug erfassen muss, um aus ihr etwas Starkes zu machen. Von einem ihrer älteren Brüder wurde sie regelrecht umworben. Er würde sie heiraten wollen, sagte er, wenn sie nicht seine Schwester wäre, und er verwöhnte sie, wo es ging und schenkte ihr auch einen Verlobungsring. Das war alles schon ein bisschen zu nahe, leicht verwirrend, betörend. Jocelyne N. hatte zu dieser frühen Zeit Phantasien, dass sie im großen Harem eines übermächtigen Potentaten die bevorzugteste Geliebte war, die heimlich Begehrteste.

Später ließ sie alle jungen Männer abblitzen, flirtete und spielte mit ihnen. Irgendwann dann jedoch, als sie erst einundzwanzig war, erwartete sie von einem ebensolchen jungen Mann ein Kind und musste auf Drängen der Familie dieses jungen Kindsvaters abtreiben. Sie meinte danach, nie mehr Kinder bekommen zu dürfen, aus Strafe, aus Gerechtigkeit und aus Scham. Und sie bekam auch keine. Auch als sie später verheiratet war, denn da, mit etwa fünfunddreißig, wäre es noch gegangen, erschien es ihr zu spät den in ihrer tiefsten Seele verdrängten Kinderwunsch doch noch lebendig werden zu lassen. Die Angst vor Verantwortung, die mangelnde Sicherheit in der Ehe, das Gefühl selbst nicht gewünscht gewesen zu sein, all dies mag es verhindert haben. Aber einer der Mitgründe war sicherlich auch ihre „Vaterfixierung", diese Urphantasie nur mit dem „großen" Mann ihrer epischen Mythen wirklich verheiratet sein und ein Kind haben zu können.

Sie erweiterte ihre Englisch- und Französischkenntnisse, studierte Musik, hatte öffentliche Auftritte mit der Gitarre, machte Ausbildungen in Homöopathie und Astrologie, praktizierte teilweise damit, ging mit ihrem Mann, einem selbständigen Kaufmann, auf Reisen oder half diesem in seinem Beruf. Aber es klappte nichts richtig. Die Geschäfte gingen nicht, der Mann begann zu trinken. Sie selbst war überall und nirgends zu Hause. Nach dreizehn Ehejahren war der Mann tot, zuletzt von ihr noch mühsam zu Hause gepflegt. Und die Depression, der Mangel an Lebenswillen, die Perspektivlosigkeit holten sie massiv wieder ein.

In der Nervenklinik hatte man ihr ein depressives Syndrom im Zusammenhang mit einer verlängerten Trauerphase nach dem Tod des Ehemannes attestiert. Zudem auch einige neurologische Defizite (z. B. Nervenentzündung der Beine). Trotzdem möchte ich mich dagegen wehren, aus all diesen psychiatrischen Expertisen so etwas wie eine heillos in sich verankerte Persönlichkeitsstörung herauszulesen, der der Stempel des Morbiden, Selbstzerstörerischen, abstrus und impulsiv Kranken aufgedrückt wird. Ich will gerade das Andere, wenn auch nicht Gegenteilige, so doch Wichtige, Impulsstarke und Lebenssüchtige in der Person von Jocelyne N. herausstellen. Schließlich hatten wir einige Wochen bis Monate in diesem Sinne ganz gute Gespräche.

Und dann erwähnte sie eines Tages, vielleicht nach der dreißigsten Sitzung, so wie nebenbei, dass ihr Freunde geraten hätten, sie müsse doch wieder neue Kontakte knüpfen und sie hätte sich verliebt in einen Mann. Zwar nichts Konkretes, aber es klang so, als wäre dieser Mann einer von ihrem Stadtteilstammtisch und als wäre das ganze jetzt noch keine besondere Affäre. Später wieder: Sie hat Gefühle für diesen Mann, aber „der hätte keine Empathie". Irgendwo da erhärtete sich für mich der Verdacht, dass sie in der Übertragung auch mich meinte. Dass sie vielleicht sogar in eine ausgeprägtere *Übertragungsliebe* eingetreten war.

Dass sie mich irgendwie in diese Verliebtheit einbezog, ohne es richtig sagen zu können und zu wollen, weil es offensichtlich ein bisschen mehr war als die übliche Form dieser positiven Zugewandtheit. „*Diese Gespräche*", *sagte sie, „das habe ich immer vermisst"*, und die noch schlummernden Erinnerungen, die aufzusteigen beginnenden Gefühle, die sich steigernden Assoziationen, all das kündigte das Wachwerden einer vehementeren *Übertragungsliebe* an. Um es nochmals zu sagen: *Übertragungsliebe* heißt: Aktualisierung, Verschiebung, Verdichtung der primären Bedeutungen von Bindung und Liebe in Richtung auf den Analytiker, weil man mit ihm in besonderer Weise spricht, ihm Wissen unterstellt, in ihm den Komplizen des eigenen Unbewussten sieht.

In ihrem ganzen geheimnisvollen Reden kam die Geschichte mit dem ebenso geheimnisvollen Mann immer nur am Rande vor. Als dann in einem Ihrer Träume plötzlich eine andere Figur am Sterbebett in der Klink stand, wohin sie ihren Mann zuletzt doch noch gebracht hatte, fragte ich Sie: „Und an wen denken Sie bei dieser Figur?" *Ich weiß es nicht,* log sie. Ich konnte ihr zu diesem Zeitpunkt also noch nicht einfach direkt ins Gesicht sagen: „Sie meinen mich, Sie haben sich zu sehr verliebt", denn etwas zu Direktes ist natürlich problematisch. Zu einem zu frühen Zeitpunkt hätte sie vielleicht eine solche Deutung abgewehrt. Wer will schon bei seinen geheimen und – was Jocelyne N. damals durchaus schon weitgehend bewusst war – problematischen Gefühlen erwischt werden, indem ein anderer sie einem enthüllt? Erst nach einigen weiteren Stunden, in denen ich ihr andeutete, dass vom Verlieben reden in der *Übertragung* zum Analytiker immer auch etwas davon mitschwingt, was mit ihm selbst als eben diesem *Übertragung*sobjekt, das er ist, zu tun hat, sagte sie: *Daran kann etwas Wahres sein.*

Es war zu wahr und zu heftig wahr. Denn schon längst hatte Jocelyne N. zu dieser Zeit die ausgedehntesten und wildesten Phantasien von uns beiden als einem Liebespaar, als in abenteuerlichste Gefühle und Sexualität miteinander verbundene Partner, ohne mir davon etwas gesagt zu haben. Schon längst hatte sie Aufzeichnungen ihrer Phantasien über ein imaginäres Liebesleben gemacht, ohne mir etwas davon zu vermitteln. Während sie cool in der Sitzung saß, war sie mit einem virtuellen uns betreffenden heißen Liebesleben beschäftigt. Und deswegen musste sie schon von da an, war doch damit gerade erst eine „Lebensperspektive" wieder aufgetaucht, sagen, dass alles sinnlos ist und auf ihr Lebensende anspielen. Zugleich mit dem Liebesgeständnis, dass daran etwas Wahres war, musste sie sich selbst desavouieren, mit der Lust zugleich strafen, zu der neuen Perspektive zugleich in extremsten Widerspruch treten. Unbewusst, „gespürt" war ihr das Paradox dieser Situation vollkommen klar. Und auch mir wurde bewusst, warum Jocelyne N. immer zwischendurch Bruchstücke fremdsprachiger Songs vor sich hingemurmelt hat. *„Ach nichts"*, hatte sie auf Nachfrage geantwortet, aber es waren ihre Gefühle, ich sollte sie erraten.

Es dauerte daher auch noch zwei weitere Sitzungsstunden, bis die Wahrheit ganz herauskam. Ja, sagte Jocelyne N., ich sei dieser Mann, von dem sie schon erzählt habe und zudem und vor allem sei ich der, den sie unbewusst immer gesucht habe, der für sie wichtig sei, ja, der ihr vom Schicksal her bestimmt sei. Es sei absolute übernatürliche Bestimmung. Sie sei geradezu zu dieser Liebe verurteilt, zu ihren sexuellen Gefühlen verdammt. Weil sie aber wusste, dass diese ihre Liebe äußerst heikel und schwierig war, sprach sie sofort wieder und nunmehr heftiger vom Tod und dass ihr jetzt kein Ausweg mehr bleiben würde, als für immer zu gehen. Gleichzeitig schob sie auch wieder andere Argumente vor und sagte, es sei überhaupt alles so schwierig, auch das Materiell-Finanzielle, auch die nicht wirklich tiefe Freundschaft zu den „Freunden", kein wirklicher Rückhalt in der Familie (Mutter und die Brüder), zu viele Belastungen in der Arbeit würden ihr Leben aussichtslos machen.

Und wieder sagte sie direkt und mehr und mehr bedrängend, dass sie nur mich liebe, es sei eine Bestimmung von Geburt an, etwas unverrückbar Absolutes und egal, wie ich mich verhielte, ihr Schicksal sei damit besiegelt. Nur diese möglich-unmögliche Liebe gäbe es jetzt, sonst nichts und deswegen würde ihr Leben zu Ende gehen, wenn es keine Erfüllung dafür gäbe. Wahrscheinlich würde es schon übermorgen zu Ende sein oder bald danach. Sie brachte mir Briefe mit, von denen ich wieder Auszüge zitiere, worin sie bereits vor mehr als zwei Monaten schon von ihrem „hausgemachten Problem" gesprochen hatte.

*Ich bin ein wenig mit gemischten Gefühlen aufgebrochen - nach dem letzten Gespräch mit dem Doc. Aber was soll's? Das Wetter war herrlich, meine „Galadriet" und ich endlich wieder auf Tour ins „Reich der „Hochalm". Bin natürlich auch dementsprechend flott gedüst, mit lauter CD-Musik - Yes, Mike Oldfield, Riverdance, Los Romeros (Concerto D'Aranjuez; Telemann etc.), Carmina Burana, Mozart, Beethoven, Nickelback, Metallica und natürlich wiederholt: Richard Marx! Ich war dann ca. 2.30 p.m. in St. Vigil, bin aber gleich weitergefahren Richtung Montera (1670 m ). Zwischendurch habe ich mal angehalten, um was zu essen und um mich ein wenig darauf einzustellen, dass ich seit 2001 zum ersten Mal und allein (!) wieder in der alten „Heimat" war. Es war ein merkwürdiges Gefühl! Aber, weiter ging's zur Montera, dort bin ich ca. 3.10 p.m. angekommen. Es lag sehr wenig Schnee. Ich musste auf den Gustaf warten (Schneekatze), er war gerade raufgefahren. Ich habe dann gleich Hanna angerufen, und sie sagte mir, sie würde Gustaf gleich wieder hinunter schicken, um mich abzuholen. Aber ich wußte, das würde mindestens eine Stunde dauern. In dieser Zeit traf ich auf Martina. Ich erzählte ihr von Jimmy's Tod und sie war wahrscheinlich die einzige, die tatsächlich nachvollziehen konnte, was ich durchgemacht hatte, weil sie mit ihrem*

*Mann Franz nahezu das gleiche erlebt hatte, auch Leberzirrhose, nur war Franz im Krankenhaus in Udine gestorben.*

*Oben auf der Hochalm begrüßten mich alle mehr als herzlich. Dann erschien Fritz. Er hat mich lange in die Arme genommen, mich ganz festgehalten und dann was sehr Schönes gesagt: „Trotz allem, was du durchgemacht hast, bist du schöner denn je." Er hat mich gar nicht mehr losgelassen. Wir haben über viele Dinge gesprochen. Fritz wollte mich bei Tisch unbedingt an seiner Seite haben und ich habe mich dann auch ausführlich mit ihm und seiner Tante unterhalten, teils englisch, teils italienisch, [im weiteren gab es dann noch ein kleines Intermezzo zwischen Fritz und mir, auf das ich nicht näher eingehen möchte - man soll allem seinen angemessenen Platz zuweisen.....*

*Ich habe mich dann auch nach der Hauptspeise verabschiedet, denn ich war müde, vollkommen überwältigt und völlig überdreht. In meinem Zimmer zurück, bin ich dann bald ins Bett gegangen. - Ja, und da war es wieder, mein „hausgemachten Problem" mit dem Doc, umso intensiver, als ich jetzt im Bett lag und noch gefangen war von der immer noch existierenden erotischen Spannung zwischen Fritz und mir. Aber es war eben jetzt nicht Fritz, um den es ging. Die Fülle erotischer Fantasien, die auf mich einstürzten, war unbeschreiblich. Ich weiß nicht, wann ich eingeschlafen bin, auf jeden Fall träumte ich, ich läge nackt in einem rhythmisch schaukelnden Boot, in der Sonne, irgendwo auf dem Meer, mich immer weiter vom Ufer entfernend, ohne Ziel und ohne Angst...... Als ich gegen 3.00 a.m. aufwachte, waren die erotischen Fantasien sofort wieder da, wie mythische Wesen, die an meinem Bett wachten. Ich wurde sie auch bis zum Mor-*

*gen nicht mehr los, wobei ich mir nicht klar war, bin ich wach oder sind es tatsächlich Träume? 15.1.2006*

Es war also schon zu spät, als ich das alles las, weil sie sich bereits viel zulange und zu tief in eine erotomanische Art von Ur-*Übertragung* verstrickt hatte.[21] An einen abrupten Abbruch der Therapie nach mehr als zwei Monaten wollte ich also zu diesem Zeitpunkt nicht denken, denn Jocelyne N. sprach zwar davon, dass sie ihr Ziel gefunden habe, und wenn es nicht „weiterginge", dann würde eben ein Ende eintreten, weil ihr „Auftrag erfüllt" sei. Das ließ noch einen Spielraum für die Therapie offen. Auch wenn sie ihre erotischen Phantasien so intensiv zulassen konnte, so hatte sie doch – ihren eigenen Aussagen gemäß – vor mir als eben diesem Bezugsobjekt doch einen gewissen Respekt. Ich zweifelte auch daran, ob sie wirklich so träumte und fühlte. Und ich war irritiert, dass sie zudem solange nichts davon sagen konnte oder wollte und dass sie die Phantasien nicht mehr von wachen, fast realen Zuständen oder Träumen unterscheiden konnte. Als sei die *Übertragung* archaisch oder psychotisch.

Dennoch war ich mir in jedem Moment sicher, dass diese sexuellen *Übertragungen* und meine entsprechenden „positiven" *Gegenübertragungen* eine wichtige Komponente der therapeutischen Situation sind und einfach dazugehören, und so wird es auch von den meisten Fachautoren gesehen. Ich war mir sicher, dass intensive Gespräche

---

[21] Den Begriff der Ur-*Übertragung* stelle ich dem von Freuds Ur-verdrängung gegenüber, da hier eine archaischere Form der *Übertragung* vorliegt.

ebenso zwischen Wachsein und Traum vermitteln können, ja, dass sie ebenso wie „mythische Wesen" sind, jedoch bewusstere, dialektischere, wissenschaftlichere Zu-
gänge zum Unbewussten darstellen.

*1.Februar 2006*

*Ich frühstückte mit den anderen am „Familientisch" und war so eine Weile abgelenkt. Später holte ich mir einen Liegestuhl und ließ mich auf der Terrasse nieder. Es war für die Uhrzeit schon sehr warm und sonnig. Trotzdem muss man sich in dieser Höhe immer noch in eine Decke einmummeln, sogar ich! Wie am Nachmittag zuvor war ich wieder überwältigt vom „Reich der Hochalm", das ich nun schon seit so vielen Jahren kannte. Für eine Weile erging ich mich in Reminiszenzen. Wie viele Dramen hatten sich hier schon ereignet, wie viel Kurioses, Merkwürdiges und Lustiges hatte sich im Laufe der Zeit hier abgespielt. Auch Jimmy hatte hier seinen festen Platz. Aber bei meinen Erinnerungen spürte ich weder Schmerz noch Trauer, eher eine Art von süßem Frieden. Ist es verkehrt, so zu empfinden? Um gedanklich und gefühlsmäßig nicht wieder abzudriften, widmete ich mich dem 1. Teil „De profundis" von Oscar Wilde, seinen Briefen an Lord Gustaf Douglas aus dem Gefängnis von Reading. Welch ein Gegensatz! Um mich herum die majestätische Bergwelt der Dolomiten im gleißenden Sonnenlicht und auf dem Papier die düstere beklemmende Stimmung, die aus dem Kerker von Reading heraufdrang. Allmählich ergriffen jedoch die „anderen" Gedanken wieder von mir Besitz. Ich versuchte zu schreiben, weil ich dachte, einmal artikuliert, würde es einfacher werden. Aber es kam ganz anders. Ich warf Heft und Stift auf den Boden und gab mich hemmungslos der Sonne und meinen Fantasien hin . .*

*In meiner Not bin ich dann bald wieder nach unten ge-*
*gangen und habe mir ein Viertel Rotwein geholt. Es gab*
*dann Gottseidank bald Essen und danach musste ich*
*eben Gitarre spielen. Eigentlich mag ich diese Art Musik*
*nicht, umso weniger, wenn ein schrilles Akkordeon dabei*
*ist und auch so gespielt wird. Aber auf einer Berghütte*
*gehört das halt dazu und im Laufe der Jahre war es im-*
*mer so gewesen, dass es hieß: „Jocelyne, spiel!" An die-*
*sem Abend ging es bis ca, 11 p.m. Zwischendrin habe*
*ich einige klassische Stücke und auch Lieder „around the*
*world and more" gespielt, das war dann irgendwie richtig*
*erholsam, Später habe ich mich dann aber entschieden*
*geweigert noch länger zu spielen, und darüber war Han-*
*na sehr froh, da im Normalfall um 11 p.m. Hüttenruhe ist.*
*Und ich war wirklich müde. Diesmal bin ich auch post-*
*wendend in meinem Bett eingeschlafen. Aber irgendwie*
*wollten mich meine Dämonen auch im Traum nicht in*
*Ruhe lassen. Der Traum war wieder herrlich und ero-*
*tisch: Ich galoppierte, wiederum nackt (wie Lady Godiva)*
*auf einem weißen Pferd (Hengst? Stute?) in der Sonne*
*am Ufer des Meeres. Die Bewegungen von beiden, so-*
*wohl des Meeres, als auch das Auf und Ab des Pferdes,*
*erfüllten mich tief und auch die Weite, die Endlosigkeit*
*dieses Bildes. Wieder gegen 3 a .m. wachte ich schweiß-*
*gebadet mit Herzklopfen und einem Gefühl der Angst*
*auf, ich konnte mir aber nicht erklären, woher dies kam.*
*Jedenfalls war's mit einem normalem Schlaf wieder vor-*
*bei. Wieder waren sie präsent, die Gedanken, die Gefüh-*
*le, die Fantasien und die Sehnsucht.*

Zu der Zeit, als Jocelyne N. mir diese Seiten gab, waren
wir uns also der problematischen Situation bereits bewusst, und ich schätzte Jocelyne N. als schwer hysterisch
ein. Sie gab mir die Seiten sicher auch deswegen zu lesen, damit ich wissen sollte, wie lange und wie tief und

unlösbar sie in den Sehnsüchten und erotischen Wach-
Träumen steckte und dass ich sie nicht mehr wegschicken
könnte. Und natürlich auch, ob ich nicht davon ange-
steckt werden würde, schließlich waren da doch so viele
Menschen um sie herum, die sie begehrten. Schon von da
an hatten sich ihre „Endzeitgedanken" also noch ver-
stärkt, weil sie durchaus gleichzeitig auch die Aussichtslosigkeit ihrer Art von Liebe realisierte. Sie hatte einfach
nicht den geringsten Abstand zu sich selbst. Und sie blo-
ckierte von da an bereits jeden Versuch, sie woanders hin
zu schicken, mit der Androhung einer sofortigen Selbsttötung. Die Therapie abrupt zu beenden war zu diesem
Zeitpunkt also nicht möglich und ich sah auch keine absolute Notwendigkeit dazu. Schon gar hätte eine Zangs-
einweisung ihr Leben zerstört.

Sie hätte sich schwerstens verraten gefühlt, hätte Wochen
oder Monate ihre freiberufliche Tätigkeit mit den Gitarrenstunden nicht mehr aufnehmen können. Sie wäre bei
Freunden und Kollegen diskreditiert gewesen und Medikamente, die man ihr dann dort gegeben hätte, hat sie
später auch nach Beratung mit mehreren Nervenärzten
ohne Erfolg genommen. Sie schrieb ja in dem ersten oben
zitierten E-Mail, dass die Mittel nicht wirklich geholfen
hätten. Man hätte ihr also in der Klinik sehr hohe Dosen
dieser Medikamente geben müssen, die ihre Persönlichkeit zu sehr verändert hätten. Aber vor allem war sie zu
klug, sich von irgend jemand manipulieren zu lassen. Einer polizeilichen Einweisung gegenüber hätte sie kühl
und klar gesagt, sie sei überhaupt nicht suizidal, meine
Aussagen würden alle nicht stimmen.

In einer ersten Überschau, einem ersten gedanklichen Erfassen deutete ich Jocelyne N.s Liebe als ein primäres
psychisches Bild, das sie auf mich projizierte. Freuds
*Urszene*, das Urbild der Liebesvereinigung der Eltern, deren davon ausgeschlossener Zeuge das Kind ist, stellt
dasselbe Phänomen psychodynamisch dar: hier ist bereits die Antithese wirksam, dass man nur im Aufgehen
im *Anderen* wirklich lieben kann, und dass dieser Weg
gleichzeitig versperrt ist, weil das Kind keinen Zugang
zur Intimität der Eltern hat. In einem solchen Fall wie
dem Jocelyne N.s genügt also nicht mehr das klassische
„analytische Arbeitsbündnis", wo man sich kühl die
Hand schüttelt und wie in der modernen Wirtschaft einen
nüchternen Vertrag schließt. Jahrzehntelang hat es in der
Psychoanalyse eine eigenartige Gegensätzlichkeit gegeben, die gekennzeichnet war von „strengster, unnahbarer
Abstinenz als Über-Ich-bestimmte Standardhaltung des
Analytikers einerseits und [realen] sexuellen Beziehungen mit Analysandinnen andererseits".[22] In solch einem
Fall wie dem Jocelyne N.s bedurfte es jedoch – wie
Lacan es ausdrückte – eines „klaren Liebes-
Verhältnisses",[23] wobei jedoch darunter – ich betone es
nochmals - kein reales Verhältnis zu verstehen ist. Man
muss eher ein Wagnis eingehen für ein wertvolles Ziel,
das die Synthese ist, die Synthese einer Dialektik der

---

[22] Krutzenbichler, H. S., Essers, H., Muss denn Liebe Sünde
sein.? Zur Psychoanalyse der Übertragungs- und Gegenübertragungsliebe. Psychosozial Verlag (2002) S. 106
[23] Engels, B., Abgründe der Übertragung, FAZ vom 6. 1. 1999

Liebe als solcher, nicht irgendeiner konkreten Liebe und nicht der eines Wahns.

Ich habe ihr die Verschmelzungswünsche, die oft in ihren Geschichten vorkamen, als orale Triebwünsche gedeutet. Also Wünsche, die noch aus den frühen Erfahrungen des Gestillt- und Nichtgestilltwerdens stammen und die das ganze Leben lang intensive Liebesansprüche erzeugen können. Während sie mir so oft unverblümt von den Wonnen und Höhenflügen der sexuellen Vereinigung schwärmte, habe ich ihr anhand ihrer Träume deuten können, dass das nicht ihr eigentlicher Wunsch war. „Ihr Wunsch hatte etwas damit zu tun, mich zu assimilieren, mich einzuverleiben und eben in einer magischen Einheit für immer als Paar zusammengeschweißt zu wissen." Und ich deutete ihr, dass sie nicht mich ganz verinnerlichen wollte, sondern speziell eine Art Markenzeichen von mir, mein Gütezeichen, mein Logo, mein Wertesiegel. Ich sollte der Garant, das absolute Pfand, der Blankoscheck ihrer Liebe sein, ganz egal, ob ich es wollte oder nicht.

*Einhörner weinen nicht (Unicorns don´t cry!)*
*10. März 2006*

*. . . . avant que les cygnes meurent, ils commencent à chanter . . . . J`ai essayé tout, mais ici, c`est la fin !.*

*Jetzt stehe ich hier an der « Final Frontier », mit einem Auge schon hinüberspähend in das « Undiscovered country ». Ich wende mich nochmals zurück, um auf das zu blicken, was hinter mir liegt. Aus dem Meer des Unbewussten bin ich aufgetaucht und darin werde ich wieder eintauchen, über die Grenze der Zeit, untergehen, mich auflösen, in die große Verbindung eingehen, wenn* *es denn eine solche geben sollte. Gemäß STAR TREK DS9 ist es ja eigentlich nur Formwandlern gestattet, in diese große Verbindung einzutauchen, aber ich denke, wenn etwas im Begriff ist, sich aufzulösen, dann wandelt es doch auch seine Form, n`est-ce pas? Ich werde Sie immer lieben.* Jocelyne N.

Ich hatte zu diesem also noch anfänglichen Zeitpunkt ein Gutachten geschrieben, mit dem eine psychoanalytische Therapie beantragt werden muss und erwähnte darin bereits, dass sich eine erotische *Übertragung* hergestellt habe und die Prognose der Therapie daher fraglich sei. Trotzdem wäre ich bereit, bis zu einer weitgehenden Klärung die Therapie durchzuführen. Ich war selbst etwas gespalten, wenn es mir auch absolut nicht an „Empathie" fehlte. Im Gegenteil, das griechische Wort empathes heißt inniglich und bedeutet nicht simpel mitfühlend, wie es wohl die meisten Menschen heute verstehen.

Übliches Mitgefühl ist nur ein diffuses, magisches, emotionales Mit-Dabeisein, damit kann man keine Therapie machen. Ich plädiere für den inniglichen Analytiker, der sich der Sache annimmt, der im Gedankenaustausch mit seinem Patienten brennt, der sich engagiert, der seine Seele einbringt wie eine Prostituierte ihren Körper. Natürlich muss man prüde bleiben, wenn man sich prostituiert, aber es muss doch wenigstens der Einsatz stimmen. Mit Inbrunst, mit Hingabe, mit der *Berufung zu lieben* muss der Analytiker an sein Werk gehen, bei dem ihn vor einem Zuviel die Prüderie, die eigene Frigidität schützt.

Der italienische Psychoanalytiker S. Bolognini hat zahlreiche Arbeiten über diese Form der „analytischen Empathie" geschrieben, die ich hier etwas poetisch etwas Aufrichtendendes und Aufrichtiges genannt habe.[24] Es geht dabei um eine viel komplexere Form des Einfühlens, des etwas In-der Schwebe-Lassens, des kunstvolle Abwartens, In-sich Wirken-Lassens und des In-der-Berufung-Brennens. Ich besprach also mit Jocelyne N. die Situation und die Schwierigkeit, die darin bestünde, dass ihre Liebe auch eine vollständige Blockierung unserer Gespräche bedeuten könnte, wenn sie nicht bereit wäre, mit mir wenigstens darüber zu reden, woher ihre Gefühle wirklich kämen und was ausgerechnet an mir diese „Bestimmung" hervorrufen würde. Darauf ließ sie sich auch ein und schließlich konstatierte der Gutachter der Krankenkasse auf Grund meiner Stellungnahme, dass doch erst einmal achtzig Stunden psychoanalytischer Therapie zu bewilligen seien. Das Ganze sei mit den offiziellen Psychotherapierichtlinien im Einklang.

Der Gutachter schrieb: *Es handelt sich um einen Erstantrag für eine analytische Psychotherapie. Nach den vorliegenden Angaben besteht ein krankheitswertiges und behandlungsbedürftiges Zustandsbild, jetzt akut ausgelöst nach dem Tod des Ehemanns. Insgesamt handelt es sich aber um eine chronisch-neurotische Entwicklung bei einer jetzt 47jährigen Patientin mit zurückhaltend zu stellender Prognose. Deshalb wird zunächst ein Behandlungsrahmen für etwa ein Jahr befürwortet, innerhalb dessen noch einmal die Prognose und Entwicklungsfähigkeit der Patientin im Rahmen des gewählten Verfah-*

---

[24] Bolognini, S., Probleme der psychoanalytischen Einfühlung, Psyche Nr. 9/10 (2007) S. 864-888

*rens zu überprüfen wäre. (Zu den Bewilligungsschritten vergleiche auch Faber/Haarstrick - Kommentar 6. Auflage 2003 Seite 74).*

11.02.06        *Stempel und Unterschrift des Gutachters*

Insgesamt waren also erst einmal achtzig Sitzungen bewilligt, zwei Sitzungen pro Woche. Ich war erstaunt und innerlich etwas gespalten über die prompte Bewilligung der Therapie. Ich hatte fast mit einer Ablehnung gerechnet und nicht nur damit, dass die Prognose zurückhaltend zu stellen sei. Nach wie vor war ich aber auch von der starken Liebe Jocelyne N.s irgendwie betroffen. Etwas Narzisstisches, eine Eigenliebe spielt sicher immer mit, wenn man mit derartigen Liebesgeständnissen überschüttet wird. Dennoch denke ich, war dies nie ein wirkliches Problem. Ich konnte damit umgehen, wenn ich auch eine allerletzte Klarheit nicht hatte. Immer noch überlegte ich mir, ob die Therapie nicht doch irgendwie abgebrochen werden sollte. Ich schlug ihr daher auch vor, einen zweiten Therapeuten hinzuzuziehen, aber sie lehnte dies ebenso entschieden ab wie sie betonte, dass ihr Leben zuende sei, wenn ich sie wegschicken würde. So entschloss ich mich immer wieder weiterzumachen, weiter zu reden und zuzuhören. Schließlich gab es seit Jahren eine Welle an Fachliteratur über die Möglichkeit der Therapie auch sexueller *Übertragungen* und war ich innerlich und grundsätzlich und auch aus der *positiven Gegenübertragung*[25]

---

[25] Positiv bedeutet hier vielleicht doch so etwas wie eine väterliche Einstellung, ein desexualisiertes Interesse, eine positive Gestimmtheit. Ich werde noch ausführen, dass man sich ei-

heraus zu einer Weiterbehandlung von Jocelyne N. entschlossen. Es mochte ja so sein, dass es ihre Gefühle an-
facht, wenn sie mich sieht, aber wenn wir dann in Ruhe
von allem reden, mit Erinnerungen und Gedanken ange-
reichert konstruktiv arbeiten, würde diese Kommunikation wiederum eine gewisse Aufarbeitung ihrer erotomanen Gefühle ermöglichen.

Schließlich waren wir beide aber doch fast wie in einer
Falle gefangen, an der mein behutsames Vorgehen genau
so schuld war wie ihre raffinierte Art sich letztendlich als
das Opfer einer sexuellen Phantasmagorie, je eben einer
magisch-transzendenten Bestimmung zu sehen. Und
während sie sich dieser Verdammung zu erotischen Im-
pulsen leidenschaftlich hingab, suchte ich ebenso intensiv
nach den Gründen für ihre Neurose und Dissoziationen.
Nachdem selbst der Gutachter der Behandlung zustimm-
te, gab ich meinen ‚inniglichen' Strebungen nach. Doch
die Verzweiflungen wurden heftiger, nicht nur in den Sitzungen, auch über SMS, Telephon und später über E-
Mail: „*Es hat keinen Sinn mehr, ich kann so nicht mehr
leben, mein Leben wird enden. Ich kann nicht mit und
ohne Sie leben, ich halte es nicht mehr aus*".

Viele Male hat Jocelyne N. so gesprochen oder es eben
einfach nur sagen müssen, es hervorstoßen müssen, es
herausgeschrien. Aber ebenfalls so oft hat sie nichts dazu

---

ne derartige Gestimmtheit, eben diesen „Felt Sense", diese
körperbezogene *Sublimierung* durch die Praxis der Analyse
aber auch durch ein eigenes Verfahren erüben kann.

getan, Gottseidank nichts getan, bewusst oder unbewusst nichts getan und erschien wieder positiv motiviert zur nächsten Sitzung. Doch, morgen wird es passieren, hat sie dann wieder geschrieben, und später wieder ein anderes Mal als den Termin ihrer Todesbestimmung bezeichnet, ein anderes Morgen. Dann wieder am Todestag ihres Mannes. Dann wieder an einem anderen markanten Tag. Und dann doch wieder nicht und wieder nicht. Es wurde zu einer Farce, zu einer Groteske, aber ich habe es stets ernst genommen und nie irgendwie abwertend kritisiert.

Zunehmend habe ich mich darauf verlassen, dass unsere Gespräche, unsere Offenheit und Ehrlichkeit, ja unsere Geständnisse – denn auch ich musste mich zunehmend enthüllen und konnte nicht der kalte, neutrale Analytiker bleiben – etwas zwischen uns aufrecht erhalten, etwas wie ein geheimer Schatz, wie ein fragiles zerbrechliches Lebewesen, zu bewahren und zu hüten, zärtlich zu umsorgen und zu hegen war. Eine „analytische Liebe", wie dies der Psychoanalytiker R. Britton nannte,[26] eine „liaison" im Zwischenraum, in einer Zwischenwelt, in einem Paralleluniversum.

Das ist keine Liebesgeschichte, weder eine bürgerliche noch eine emotional-amouröse, keine romantische oder definitiv realistische. Es ist eher der Versuch das Chaotische,[27] das es wohl in jeder Beziehung gibt, zu meistern.

---

[26] Britton, R., Sexualität, Tod und Über – Ich, Psychoanalytische Erfahrungen, Klett-Cotta (2006)
[27] Diesen Begriff wählte der Philosoph und Mitbegründer der Chaostheorie F. Cramer (Cramer, F., Symphonie des Lebendi-

Ich war überzeugt von der Möglichkeit einer „angemessen erotisierten" Zusammenarbeit, einer sibyllinischen Freundschaft, eines transzendent amourösen Flechtwerks. Von der Möglichkeit der These, Antithese und Synthese als einer echt durchgearbeiteten Dialektik der Liebe.

*Lieber Dr. Hu,*                                    *24. März 2006*

*Warum sind wir uns begegnet, ohne uns wirklich zu treffen? Wo stehen wir wirklich? Schon am Abgrund? Ich möchte ein wenig von der Astrologie erzählen. Ich möchte auf den größten Neptunmond Triton hinzuweisen, der als einziger unter allen größeren Satelliten eine retrograde Umlaufbahn aufweist und auf dessen Oberfläche riesige Verwerfungsgräben und ein merkwürdiger Kryovulkanismus zu beobachten sind. Seinen Namen erhielt er von dem griechischen Meeresgott Triton, dem Sohn des Poseidon und der Amphitrite.*

*Das gibt mir wieder einmal die Gelegenheit für einen kleinen Exkurs in die Musik, in die Harmonielehre - zum Tritonus! Dieser hat zwar weder mit dem Gott noch mit dem Mond etwas zu tun, aber er ist jetzt eben bei mir aufgetaucht, wie es sich gehört, wenn man gerade mit dem Tierkreiszeichen Fische und Neptun beschäftigt ist. Der Tritonus entstammt dem Mittelalter, den Kirchentonarten. Er ist eine Folge dreier Ganztöne - f-g-a-h. Er galt in dieser Zeit als „diabolus in musica" (Teufel in der Musik). Diese Ablehnung des Tritonus im mittelalterlichen Gesang wurde durch die moderne Physik bestätigt, denn der Intervallwert des Tritonus 729:512 ist nicht mehr vor-*

---

gen, Insel (1998) für die nicht im Sinne einer normalen Resonanz und normalen Zeit zu denkende Beziehung.

*stellbar..*

*Ein Planet, der sich um ein Zentrum bewegt, führt dieselbe elliptische Bewegung aus wie ein Punkt auf einer schwingenden Gitarrensaite. Jeder Punkt einer auf A gestimmten Saite rotiert z.B. 440 mal in der Sekunde um seine Ruhelage. Und so hat jeder Planet seine eigene Frequenz, die als solche für unser Gehör nicht wahrnehmbar ist. Nimmt man jedoch die Obertöne zu Hilfe, kann man diese „Klänge" hörbar machen durch die x-fache Verdoppelung der Grundtonfrequenz in die x-te Oktave.*

*Jocelyne N.*

Derartige Dinge schrieb sie mir also immer wieder und zeigte mir dadurch auch, wie viel sie in den ihr wichtigen Bereichen wusste. Aber sie machte keine Lebensperspektive für sich daraus. Auch hatte sie keine Freundin, mit der sie sich hätte öfter aussprechen können, und in ihrer Familie besprach sie mit niemanden etwas Persönliches. Ich sollte nunmehr zu dem einzigen werden, den es gab, zum universalen Objekt ihres persönlichen Subjekts-Seins. Im Fachchinesisch würde man sagen, sie hatte in sich keine klare Trennung von Selbst- und Objekt-Repräsentanzen, also von dem, was einerseits in ihr ihr eigenes Selbst repräsentieren konnte: positive Erinnerungen an früher, eine gewisse sensuelle Bodenständigkeit, weiblich-frauliches Selbstwertgefühl, emotionale Stärke, Nähe und Differenziertheit zu sich selbst usw. Und auf der anderen Seite fehlte auch das, was die Beziehungen zu Objekten, toten und lebenden Objekten, auch menschlichen „Objekten" im Inneren repräsentiert, die man lieben, aber auch mit einer gewissen Distanz behandeln kann.

Trotzdem hatte ich immer das Gefühl, dass in ihrer Liebe etwas Wichtiges, etwas Tatsächliches und etwas Ernstzunehmendes versteckt war. Während sich die Psychoanalytiker immer noch streiten, was denn nun das wahre Wesen der Weiblichkeit ist, konnte man bei Jocelyne N. das Gefühl haben, dass sie davon etwas weiß, wenn auch in einer sehr mythischen und entrückten Form. Und so konnte sie es nicht wirklich sagen, nicht klar vermitteln, nicht gut genug ausdrücken, nicht in einer modernen Auffassung kommunizieren. Während moderne psychoanalytische Autoren zwar inzwischen von der „weiblichen positiven Macht des Unterlegenseins" in der Liebesbeziehung sprechen, die auch der männliche Liebhaber zu erlernen hat, und dies auch symbolisch auf die therapeutische Beziehung ausdehnen,[28] konnten wir den Schlüssel zu dieser Erkenntnis für unsere Beziehung nicht finden. Sind auch wir zu sehr in der falschen Theorie steckengeblieben, wie die gerade genannten Autoren?

Während Jocelyne N. durch zu manische und obsessive Fixierungen wie gelähmt war, habe ich vielleicht ein unbewusstes Geltungsstreben, einen latenten Narzissmus, bei mir selbst nicht sonderlich reflektiert. kreativ nutzen zu können, wie es etwa große Künstler tun. Jocelyne N. wollte in erster Linie gar nicht Sex und Eros, wie Antigone wollte sie in ihrer Liebe in erster Linie anerkannt und bestätigt sein, ja begehrt sein wie ein Kind, das als ein begehrtes, gewünschtes Kind anerkannt sein will. Wirk-

---

[28] Schaeffer, J., Was will das Weib? Oder: Vom Skandal des Weiblichen. In: S. Heenen-Wolff (Hg), (2000) S.99-122

lich von den Eltern gewünscht und begehrt sein, ist oft der tiefste unbewusste Triebwunsch, besonders beim kleinen Mädchen. Zu wenig ist es uns gelungen, dies bewusst zu machen und dabei jene „Monströsität des Selbst" zu ergründen, die laut B. Johnson stets „in die Frage der weiblichen Autobiographie tief eingebettet ist".[29]

Es geht um die weibliche Perversion und das weibliche Über-Ich, das selbst eine Art von Innigkeit in verkehrter Richtung darstellt. Sie, die Mädchen, lieben sich selbst in ihren Zauberinnen, in ihren Feen, in ihren Prinzessinnen, Göttinnen und Übermüttern. Dazu verwandeln sie sich dann manchmal in sexhungrige Mänaden. Oder sie setzen sich – wie Freud schon sagte – der „Abscheu" vor dem weiblich Sexuellen aus, dem Schrecken, der vermeintlich vom weiblichen Genitale ausgeht, inkarniert in der Geste der Baubo oder dem Medusenhaupt. Auch der Psychoanalytiker Kocicka beschreibt, wie die Iko-Mädchen aus der Kalahari ihre Röcke heben, wenn sie die Jungs erschrecken wollen.[30] Und selbst der Teufel soll den Anblick der Vulva genauso wie des Kruxifixes entsetzlich gefürchtet haben.

Irgendwo da sind wir also in der These und Antithese stecken geblieben. Die Bindungsliebe, diese Urliebe, die die Bindungstheoretiker so stark beschreiben, konnten

[29] Johnson, B., The Norton Anthology, Theory and Criticisme, N. Y. 2001
[30] Kocicka, F., Das Magische in uns, M.A. Steiner Verlag (1984) S. 52

wir nicht in wahre „analytische Liebe" verwandeln, in der Gefühl und Respekt, Lockerheit und Dichte, Übertragung und Gegenübertragung sich die Waage halten. Nochmals möchte ich darauf hinweisen, dass also nicht nur der Patient Bedeutungen, Gefühle, Einstellungen, auf seinen Analytiker überträgt, die ihm selbst unbewusst sind, sondern dass dieser selbst wiederum mit entsprechenden Gegengefühlen und Gedanken auf die Übertragung des Patienten reagiert, was man dann – wie schon mehrfach angedeutet – eine Gegenübertagung nennt. Eine Gegenübertragung ist also nicht eine eigene Übertragung des Therapeuten auf den Patienten, sondern eine Gegenreaktion auf die extreme Sondersituation dieses Verfahrens, den Patienten frei und spontan auch die peinlichsten und blödesten Dinge sagen und dadurch Bedeutungen auftauchen zu lassen, die sich vom Patienten ausgehend im Analytiker anhäufen.

*Ich versuche nochmals Ihnen meinen Weg zu erklären. Ich konnte doch nicht total von meinen Gefühlen sprechen, da ich wusste, Sie würden mich wegschicken. Eigentlich waren die Gefühle vom ersten Moment an da und ich hätte da sofort umkehren sollen. Aber wohin hätte ich gehen sollen? Ich habe halb Mittelamerika, viele Länder Europas und des vorderen Orients durchquert, ich habe so viele Lehren und Wissenschaften durchwandert, war mit so vielen Menschen zusammen . . . aber nur hier, nur jetzt hier bin ich zu Hause, wie sollte ich da wieder umkehren? Das ist es doch, was ich gesucht habe. Sie müssen es mich lehren, wenn es nicht anders geht, müssen Sie es mir einfach wie eine Lehre beibringen . . . eintrichtern . . . J. N.   28.03.06*

P. Geißler und H. Pfannschmidt haben bei Kongressen über Körper und Psychoanalyse versucht, dieses „eintrichtern" als einen „erotisch-sexuellen Spielraum" zu beschreiben.[31, 32] Schon der Ausdruck „Spielraum" klingt gefährlich und ist es auch, insofern es zudem um die sogenannte psychoanalytisch orientierte Körpertherapie geht, bei der der Patient vom Analytiker wirklich angefasst wird (z. B. wird die Hand gehalten). Aber so etwas hätte bei Jocelyne N. eine Starkstromentladung bewirkt, da wären wir vielleicht beide gestorben. Derartige Intentionen hatte ich nicht. Die genannten Autoren versuchen jedoch auch eine reine Raumbezogenheit zu diskutieren, in der die Körperlichkeit zumindest darstellungsmäßig Raum bekommt und mit dem infantil-mütterlichen Raum verbunden werden kann. So etwas deckt sich schon eher mit meinen Bestrebungen, wenn es auch kein „eintrichtern" wäre, sondern man es mehr ein „gewahr werden" nennen müsste. Ein „Gewahrwerden", dass tatsächlich den inneren Raum gibt, in den man zusammen ‚eindringen' kann, auch wenn ‚eindringen' ein heikles Wort ist.

Ich konnte so wenigstens beweisen, dass ich auf sie eingehe, die Bilder sich entfalten lasse und den Raum zwischen uns ja nicht zerstöre. Im Gegenteil, ich baue ihn ja mit auf, ich stelle mich ja zur Verfügung z. B. in der Übertragung der Bruder zu sein, der ihr einen Ring schenken wollte, der das Symbol einer inzestuösen Ver-

---

[31] Pfannschmidt, H., Der „Gebrauch der Lüste" in der Analysestunde, Forum der Psychoanalyse Nr. 4 (1998) S. 364-84
[32] Geißler, P., Vorbereitungspapier für den 2. Weltkongress für Psychotherapie 1999

bindung sein sollte. Wie kam der Bruder darauf? Hat Jocelyne N. ihm etwas signalisiert? Jetzt müssen wir einen Ring erotischer Wahrheit schmieden. Irgendwann verliert die Hochspannungsraum etwas an Stromstärke, dachte ich mir. So sehr ich den Autoren zustimme, dass man in der Analyse der *Gegenübertragung* nicht ausweichen kann, dass der Analysand, gerade wenn er auf der Couch liegt, umso „hellhöriger für die subtilen Geräusche wird, die der Analytikers von sich gibt", und so zurecht auf eine Interaktion wartet, so sehr halte ich die direkte körperliche Interaktion für fatal. Man muss auch als Analytiker von sich etwas einbringen und wenn man sich auch nur annähernd unruhig auf dem Sessel bewegt, muss man etwas dazu sagen. Aber man muss nicht hingreifen, das wäre in der Situation mit Jocelyne N. fatal gewesen. Doch ich bin auf etwas anderes gekommen, was nicht weniger heikel war, dafür aber ‚logische Praxis' wie Lacan es nannte.

### 3. Ich liebe dich, auch wenn du es nicht willst.

„Sie sind ein großes Mädchen geblieben, das die Märchenwelt liebt, ein Kind, das sich jetzt maßlos verliebt hat
in die milchspendende Macht unserer Worte und meines
Ihnen zugewendeten Brust-Ohres, all dessen also, was
Ihnen als positiv und stark erschien: männliche und mütterliche Größe und Stärke, universales Wissen. Und doch
haben die Worte, diese Milch- und Busenworte, dieses
Brust-Ohr nicht genügt. Die Größe und dieses Wissen
waren aber gar nicht vorhanden", sagte ich zu Jocelyne
N. Denn *„Ich liebe dich, auch wenn du es nicht willst"*,
erschien mir als Jocelyne N.s gieriges Motto, und ich habe sie gebeten, mich nicht so zu lieben. „Sie missbrau-
chen mein Markenzeichen", habe ich wieder betont.

Diesem *„Ich liebe dich, auch wenn du es nicht willst"*,
könnte man das „Ich begehre dich, auch wenn ich es
nicht weiß" gegenüber stellen, denn die beiden Sätze stellen genau unbewusste Gegen-Entsprechungen dar. Da der
erste Satz zu Jocelyne N.s Liebesthese so gut passt, habe
ich mich auch oft gefragt, ob dieser zweite Satz nicht
doch auch auf meine *Gegenübertragung* zutrifft. Was
wollte Jocelyne N. von mir und was wollte ich von ihr?
Ich habe versucht mir Gegen-*Übertragung*s-Phanta-sien
zu machen, ich bin in Gedanken und Bildern mit ihr
durch diese ihre nordischen Landschaften, durch die Ne-
belhügel von Irland, die Klippen der Bretagne gereist,
durch die Meere vor Honduras getaucht oder wir sind in
der Cafeteria in Saint Germain gesessen. Aber es passierte nichts. Die Romantik gelang nicht. Um so mehr – wieder aufgetaucht aus diesen versuchsweisen Phantasmen –

war ich dann der wirklich auf sie Bezogene, der für sie Denkende, nicht der Mann, nicht Vater, nicht Arzt und vielleicht nicht einmal mehr der klassische Psychoanalytiker, sondern ein Psychoanalytiker, den es wirklich anging?

Das ist einer, der ein unbewusstes Bild, eine unbewusste Vision mit ihr teilte – innerlichst, wie ich schon sagte – und der sich hundertmal das Gehirn gemartert hat, wie wir einen Ausweg aus unserer Situation finden könnten. Denn ein Freitod erschien mir als das Schrecklichste, was passieren könnte. Der aber auch unverbrüchlich an die Matrix einer Beziehung glaubte, die vor dem Hintergrund von Inzest- und Mordgeschichten, von Liebe und Hass, von Lüge und Betrug und weiß Gott was noch allem einen Pakt geschlossen hat, der vielleicht durch ein Losungswort wie Wa-Sha oder Iskoodah, Sirius A oder B begonnen wurde. Und der schließlich eingelöst wird durch ein ebensolches Wort einer beiderseits verbindlichen Sprache? Liebe, Sex, alles einfach nur „anders herum"?[33]

---

[33] Ich beziehe mich hier auf Lacan, für den es „Sex eigentlich nur zwischen Eltern und Kindern gibt". Gemeint ist jene Komplexität von Spannungs- und Bindungsliebe, die es nur in der frühen Kindheit gibt, während Lacans Meinung nach ein „eigentliches Geschlechtverhältnis gar nicht existiert", weil sich davon nichts ausdrücken, sagen, symbolisieren, also wirklich kommunizieren lässt. Aber tatsächlicher „Sex" wäre dann eigentlich ein „Meta-Sex", also einer, der in Gegensatz zur psycho-physischen Transsexualität nur im „Meta", im Darüber, im Übertragungsraum, im grammatischen Jenseits stattfindet.

Ich hatte neben meiner psychoanalytischen Ausbildung auch eine Methode der Meditation erlernt, bei der es genau um diesen Innenraum geht, denn die Psychoanalytiker Geißler und Pfannschmidt als „erotischen Spielraum" bezeichnet haben. Nur führte die Erotik bei diesem meditativen Verfahren nicht zu psychisch-körperhaften Begegnungen zweier Personensondern zu so etwas Ähnlichem wie dem ‚Felt Sense' Gendlins, einem „körperbezogenen Philosophieren" mittels einer der Mathematik entlehnten Formulierung. Als es wieder einmal ganz schwierig mit den Todesprophezeiungen war, wendete ich die Übungen dieser Meditation intensiv bei mir an und hatte das Gefühl, mich völlig von allem lösen zu können, geistig klar, als könnte ich in die Tiefe des Universums sehen. Es ist genauso, wie wenn man auf einen sehr, sehr hohen Berg steigt – und die Mystiker und Propheten haben dies immer getan, wenn sie die Wahrheit erfassen und verkünden, wenn sie einen „Überstieg" finden wollten. Aber man kann es sich auch so vorstellen, als befände man sich in einem Überraum, oder noch bes-

---

So findet er statt am Rande einer Sprachlichkeit, in Lauten oder Zeichen, die gerade eben noch ein symbolisches Austauschen ermöglichen. Im „Felt Sense / Shift" sozusagen, aber nur wenn dieser außer einer Erleichterung des Empfindens eben auch eine zu benennende Erkenntnis auslöst. Dies wird von Gendlin meist unterschlagen. Das, was die Leute unter Sex verstehen – so Lacan letztlich - sind eigentlich nur Liebes- und Begehrens-Dramen, die meist männlicher Phantasie entstammen und in ihrer Bedeutung maßlos überschätzt werden.

ser: in einem *Übertragungsraum,* also mitten in dieser Matrix von *Übertragung* und *Gegenübertragung.* Und eben dort – stellte ich bei meinem eigenen Üben fest - war niemand da.

Während sonst manchmal mein Meditationslehrer oder andere für mich bedeutende Personen in tranceartiger Form auftauchten, war jetzt niemand da. „Sie waren nicht da," habe ich Jocelyne N. dann – meine Methode erklärend – gedeutet, und das heißt: Ihre Liebe mag echt sein, feuerrot, wild und urstürmend, aber sie tobt irgendwo herum, sie ist nicht da, im Überraum dieser Zwischenwelt, im Hyperraum, im Calabi Yau-Raum, wie es die Physiker nennen, wo wir uns doch wirklich treffen müssten. Im *Übertragungs*-Raum, wie es auch einige andere Analytiker genannt haben. In unserem gegenseitigen „Felt Sense" – Raum. „Das ist doch Ihre Sprache, die Sprache vom Spüren", von den Sternen, den Mythen, den Fabeltieren, den Jenseitsräumen, den Räumen im Raum des Raums. Denn wenn der Raum ganz dicht wird, scheint er zu sprechen. „Und da, genau an diesem Ort, Punkt, Schnitt der Null, waren Sie nicht!" Irgendwie gab das Jocelyne N. zu denken, irgendwo hatte ich sie mit einer ‚gesättigten Deutung' getroffen.[34]

Das hat auch mir wieder Mut gemacht, weil ich wusste, dass ich immer noch einen klaren Überblick über unsere Beziehung hatte, einen „survol", wie Lacan das nannte,

---

[34] Es gibt ‚ungesättigte Deutungen', die keine Deutungen in der Übertragung sind, sondern nur Erklärung, Theorie, Sachbezug, also nur ‚Materialdeutung' sind.

einen Überflug im Unbewussten. Es ist bei dieser Übung nicht nur das Gefühl in die Tiefe des Universums zu sehen, man kann auch diesen innerseelischen Raum öffnen, in den jeder beziehungsbezogen eingebunden ist. Das ist der Mechanismus der „projektiven Identifizierung". Man identifiziert sich mit dem Guten, dem Starken im Anderen, das man in ihn vorher projiziert hat. Man sieht sich im Anderen an der guten, positiven Stelle, die man für sich selber braucht. Schließlich kann es wirklich so sein, dass sich der Andere wie ein realer Raum öffnet und man findet sich selbst darin wenigstens für einen Moment positiv gestaltet wieder. Oder eben umgekehrt: der Andere ist in meinem Raum, und für einen Moment scheint es eine Begegnung, ein Treffen, eine Höhe, eine Verinnerlichung, eine Verschmelzung zu geben, was immer das vorerst heißen mag. Aber auch diese Deutungen, die doch ganz auf Jocelyne N.s „Spüren" als einem Bewusstsein jenseits unserer selbst, als einer Sprache „andersherum" angelegt ist, hat nichts genützt. Wie hätte ich sie noch besser erreichen sollen? War sie nicht einfach zu weit weg? Zu weit hinter den Quasistellaren, den Ultra-Galaxien? Sie war zu weit weg vom „survol", vom Überflug.

Am 4. April 2006 ordnete Jocelyne N. mir einen Traum zu, den sie gehabt hatte:

*Les Vosges: La Route de Cretes - Le Roche aux Fées - dark night with stars up above and "full moon". . Ich kam aus dem Wald, an meiner Seite ein Puma, seine Augen glitzerten grün im Licht des Vollmondes (langes schwarzes Cape - from Ireland).. Vor mir der „Feenfelsen". Der Puma war in 2 Sätzen on the top. Ich musste mühsam raufklettern. Dabei kam ich zu der Stelle, an der Jimmy*

*und ich vor vielen Jahren mit einem goldenen Edding un-*
*sere Namen in den Stein geschrieben hatten. Darüber*
*unsere Lieblingsrunen:*

*Algiz - die Schutzrune, Gebo - die Rune des Gebens,*
*Schenkens und Teiwaz - die Kriegerrune. Der Puma , mit*
*seinen grünen Augen, schien immer zu sagen: „Du*
*schaffst es". Als ich oben war, den Puma an meiner Sei-*
*te, sahen wir beide nur die Nacht und den Vollmond.*
*Plötzlich erschien ein Schatten vor dem Mond: Ein riesi-*
*ger Steinadler! Seine Schreie klangen wie „Viens, viens,*
*suis moi!" Der Puma knurrte bedrohlich. Daraufhin stürz-*
*te der Adler auf den Puma hinab und sie kämpften mitei-*
*nander. Der Adler war stärker und verjagte den Puma. Er*
*sprang vom „Feenfelsen" und verschwand im Wald. Ich*
*war allein mit dem Adler. Eine Weile blickten wir uns nur*
*in die Augen. Dann breitete er seine Flügel aus und rief*
*wieder: „Viens, viens, suis moi". Da habe ich meine Arme*
*ausgebreitet und konnte auf einmal fliegen. Ich folgte*
*dem Adler, und wir flogen durch die Nacht über die Vo-*
*gesen bis zur „Haut Koenigsburg", wo wir uns auf den*
*Dächern niederließen. Und wieder blickten wir uns nur in*
*die Augen. Ich fühlte mich beschützt und ungeheuer*
*glücklich, so als wäre ich mein ganzes Leben nur auf die-*
*sen Moment zugegangen.*

Wie sollte ich ihr derartige Träume deuten, ohne sie auf
die nüchterne Erde zurückzuholen? Derartige Träume hat
Jocelyne N. – wie sie mir erzählt hat – auch schon vor
der Zeit gehabt, als wir zusammenkamen. Sie könnten
auch ihre Musik, ihre Tagebücher und sonst etwas inspi-
riert haben. Das musste sich nicht auf mich beziehen. In
der gleichen Weise haben auch die frühen Mystikerinnen
von ihrem Gott geträumt, also von einer, wenn auch nicht
erfüllten, so doch religiös und magisch einzuordnenden

grandiosen Liebe und Amourosität.

Und jetzt setzte sie mich an die Stelle all dieser malerischen Gestalten, so fanatisch, so mörderisch, so wahnsinnig, so erotoman? So, dass es keinen Moment das Haltens gab, in dem man einen Weg hätte finden können. So, wie es die Erotomanin Ingeborg Bachmann in ihrem Roman „Malina" schreibt: Aussichtslos taumelt die Protagonistin zwischen zwei Männern hin und her, torkelnd und schließlich strauchelnd, fallend, tot. Und dann war bei Jocelyne N. immer dieses Lied da, „Ready to fly" von Richard Marx, das sie ständig erwähnt hat. Fliegen, wegfliegen. Und wir sind doch auch geflogen um eine Antwort zu finden? Aber weil wir nicht „Ready to fly" waren, nicht ready, nicht fly, einfach nichts, hat es keine Antwort gegeben.

Es war wirklich so, als könnte sich Jocelyne N. gegen keinen der Ansprüche ihres eigenen Unbewussten wehren. Zu interpretieren, dass ihr Alkoholkonsum doch auch nichts anderes sei, als das betäubende Einsaugen einer „Körperlichkeit", eines Surrogatpartners, eines anderen „Du´s", war ohne Folge. Sie wollte das „Du" selber, und so sehr auch dieses „Du" sich wand und versuchte zu erläutern, dass es nicht das war, was sie in ihm sah, es half nichts. Wir konnten nicht hinter die Sterne zurückgehen, hinter die Wörter, die wir ja immer noch benutzen mussten, ja hinter die Laute, die noch gerade soviel mit dem Reden zu tun haben, dass sie etwas andeutungsweise sagen. Wir konnten nicht hinter das Blätter-Rascheln und -Raunen ihrer magischen Bäume (Ygdrasil) und das Liebesseufzen der Schwäne und Einhörner zurückgehen, um menschliche Laute für uns, für unsere so komplexen Gefühle und plötzlich aufbrechenden Bilder zu finden.

Wir befanden uns nun mehr als ein halbes Jahr in dem Hin und Her der Behandlung, als mit klar wurde, wie ich den Vorschlag des Psychoanalytikers D. Mann, nämlich eine direktere sexuelle Symbolik für unsere Beziehung zu verwenden, umsetzen könnte. Mann schreibt, man muss selbst den Sexualakt als solchen, den Jocelyne N. ja ständig beschwörte, als in der *Übertragung* konkret, als in der „projektiven Identifizierung" aktuell, verbalisieren, bildhaft-symbolisch ausdrücken. Ich konfrontierte sie also damit, warum sie unseren gemeinsamen „Höhepunkt", den sie doch immer wieder anvisiert, nicht abwarten will, sondern ständig mit dem Weggehen, dem Fliehen und Flüchten unmöglich zu machen versucht. Man muss den Höhepunkt doch gemeinsam erreichen. Warum warten Sie nicht auf mich? Freud hat nicht nur den Begriff der *Übertragung* richtig gewählt, man muss in der Therapie auch sehr intensiv im *übertragenen* Sinne sprechen, im *übertragenen* Sinne deuten, im *übertragenen Sinne* das Problem bewegen, plastisch, konkret und speziell in der Sprache des Patienten selbst.

Jocelyne N. sprach zwar nicht vom gemeinsamen ‚Höhepunkt', sondern von der „Supernova" der orgiastischen Gefühle, aber diesen Ausdruck konnte man zu leicht mit dem des Orgasmus gleichsetzen. Daggen war der Begriff des ‚Höhepunkts' von symbolisch weitreichender Bedeutung, auch wenn er oft für den sexuellen Höhepunkt, der möglichst gemeinsam erlebt werden sollte, gilt, wie Sexologen gerne sagen. Auch in Laienkreisen wird gerne von dieser Orgasmusakrobatik geredet, von diesem ‚Synchronerlebnis', von dem man sich einen Beweis für die

Besonderheit der Beziehung verspricht. „Warum rasen Sie immer so schnell voraus, ja haben den ‚Höhepunkt' schon erreicht, bevor ich überhaupt haben anfangen können, dorthin zu gelangen"? sagte ich zu Jocelyne N.

*„Ich bin ihm ja nur geistig voraus", entgegnete sie. „Ich erlebe ihn in den mich bedrängenden Phantasien und Bildern, jedoch als nie ganz erreicht! Ich brauche Sie dazu, nur Sie und ich, nur wir zusammen werden es erreichen".*

„Aber ich bemühe mich ja Ihnen hinterher zu kommen. Doch ich brauche dazu etwas mehr Zeit, das ist ja kein Defizit, keine Unfähigkeit", ein Begriff, der wiederum eine allgemeine Schwäche, aber auch Impotenz hätte bedeuten können. Doch genau dies war ja gemeint, eine rein „formale Impotenz" wie es Lacan formuliert, eine symbolisch noch nicht fertige Fertigkeit.

*„Aber wie wollen Sie mich von Ihrer Fähigkeit überzeugen",* antwortete sie geschickt.

„Indem ich das mit Ihnen zusammen kläre, sagte ich nicht weniger verbindlich.

*„In einer Arztpraxis, in einem Sprechzimmer, kann man das nicht klären, da sind schon die Wände kalt".*

„Ich bin ganz der Auffassung von Lacan, der sagt, das psychoanalytische Sprechzimmer sei ein ‚chambre d'amour', ein ‚Séparée', was doch die Dichte, die Intimität, die Echtheit und Direktheit der Beziehungen hervorhebt", erklärte ich. „Da bleiben eben selbst die Wände nicht kalt".

Auf dieser Basis konnten wir erneut viele Stunden konstruktiv miteinander reden, indem auch Jocelyne N. die Übertragungsbeziehung, die Symbolik des ‚chambre d'amour' und des ‚Séparée' klar waren. Sie ahnte wohl bereits den Trick, den Sexualakt symbolisch in den psychoanalytischen Akt einzubinden. Doch so etwas hindert nicht, den therapeutischen Prozess weiter zu führen und in Gang zu halten. Schließlich ist auch jede verbale Unterhaltung und insbesondere eine solche im psychoanalytischen Raum voll von Anspielungen, Verführungsversuchen und Bemühungen, den anderen aus Glatteis zu bringen und ihn dann dort festzuhalten, fixieren zu können. Ein Versprecher, eine Nuance zu viel, und der Therapeut hat statt vom gemeinsamen ‚Höhepunkt' von der gemeinsamen Befriedigung gesprochen. Der gemeinsame ‚Höhepunkt' kann der Kulminationspunkt der therapeutischen Einsichten, Deutungen, Entschlüsselungen sein, aber von einer gemeinsamen Befriedigung zu sprechen, könnte die sexuelle Richtung zu stark betonen. Doch in der gleichen Gefahr steckte Jocelyne N. ja auch, wenn sie von Verschmelzung redete, von der man leicht sagen konnte, dass bis zum Atom hinein keine zwei Körper wirklich verschmelzen. Selbst die sogenannte Kernschmelze ist nur eine Umstrukturierung der elementaren Bestandteile.

„Ihre Verschmelzungssehnsucht ist ein unbewusstes Phantasma, ich sehe da wieder Ihre Mutter", sagte ich. In dieser Weise ins Zentrum der Problematik hineingesprungen, erbrachte viele Dialoge rund um die Thematik, die Jocelyne N. ja selber immer wieder ansprach. Nach einiger Zeit sagte sie, dass sie auch hinsichtlich dieser neu aufgetanen Perspektive nicht mehr warten könne. *„Wie lange brauchen Sie denn noch um für den ‚Höhe-*

*punkt' parat zu sein"*, sagte sie und griff dabei – nunmehr auch ganz bewusst – die Spiel um die heiklen Erosvokabeln auf. Nur mit der Logik der Beziehung, jeder Beziehung, indem eine gegenseitige Abstimmung, ein gegenseitiges Aufeinander-Einspielen und Aufeinander-Warten die Regel ist – das erkannte sie genau so wie ich – lässt sich ein Gespräch nicht ewig weiterführen. Dennoch war klar, dass ich Jocelyne N.s Liebesanspruch ernst nahm, so wie es der Psychoanalytiker M. Silvestre, Lacan zitierend, schrieb.[35]

Der Psychoanalytiker sollte sich sogar – heißt es dort – den Anschein eines geeigneten Liebesobjektes geben, um dadurch die Chance zu haben, das ,stumme Phantasma', das der Mensch um seine frühesten Objektbeziehungen herum gebildet hat, ins ,Hier und Jetzt' der Übertragung zurückzuholen. Denn ,wahre' Liebe ist sprachlos, sie entstammt dem Feld sprachloser Beziehungen aus den frühesten Lebensmonaten.

*15. April 2006*

*Ich habe für mich eine mathematisch völlig unkorrekte, aber, wie ich finde, sehr aussagekräftige und alles in allem doch logische Gleichung aufgestellt:*
*x+ I ±0-y = - oo*

*Ich wurde darauf hingewiesen, dass ich in meinem Leben sehr viel y gebraucht hätte. Das muss ich korrigieren. Jedenfalls haben x und y nichts mit Chromosomen zu tun. Auf y komme ich gleich zu sprechen. Zuerst aber die Er-*

---

[35] Silvestre, M., Die Übertragung in der Ausrichtung der Kur, Riss, 41./42. Band (1998)

*klärung für x. X ist schlicht und ergreifend eine numeri-sche Variable, als Umschreibung für den Hintergrund, der da heißt: das Sucht oder die Sucht. Das Sucht im Sinne von suchen - den heiligen Gral, den EINEN (also nicht den Tolkien'sehen Ring aus Mordor), von dem die Psy-choanalyse sagt, dass es ihn nicht gibt.Und dieses SUCHT wurde zur Sucht über lange Zeit, die immer wie-der befriedigt werden mußte. Andererseits gibt es da auch noch eine andere Geschichte: Es wird gesagt, jeder Mensch hätte einen Flügel. Aber um fliegen zu können, benötige jeder Mensch sein Pendant! Auch eine Varian-te, isn't it?*

*Nun zu y. Das ist in obiger Gleichung keine Variable, sondern eine Konstante (s. Gravitationskonstante) und für mich der schönste Buchstabe im Alphabet, auch im griechischen. Aber in dieser Gleichung ist y etwas ganz anderes. y ist weder jung noch alt. y ist nicht beschränkt durch Raum und Zeit. Geist und Größe von y werden ewig wirken. y ist einzigartig!*       *Jocelyne N.*

*Journey's End*
*The unicorn can't sleep.*
*The only remedy that could help her*
*would be the arms of her Lord and Master,*
*his hands caressing her,*
*his tender voice carrying her away,*
*on through the night .......*
*But this remedy is refused to her!*
*That was itl*
*The journey ends!*


*So the unicorn returns to fantasy,*
*to universe*
*and starts again remaining in silence*
*as a sign*

*in the darkness of space,*
*between the other stars -*
*for eternity ......Now, the journey is definitely as its end!*

*Saturday, 3. 31th, 2006 - 3.20 a. m.   J. N.*

Der Tod war also weiter immer gegenwärtig, von Anfang an. Es war, als hätte Jocelyne N. nie an etwas anderes gedacht als an den Tag, an dem sich alle ihre Koordinaten mathematisch exakt zu einem Ende zusammenfügten und dem sie sich dann zu unterwerfen hatte, weil eine Jenseitige Macht, Unimatrix Zero, das so beschlossen habe. Manchmal benutzte sie dazu astrologische Daten. Der Tod war dadurch eine ständige, genau berechenbare Bedrohung. Für sie, weil sie wirklich in einer selbstkonstruierten Sackgasse war, für mich, weil ich ständig das Gefühl haben musste, dass sie ihn, diesen Herrn Tod, diese jenseitige Magierin, zärtlich hegte, dass sie sie umwarb, pflegte und sie mindestens genau so liebte wie mich.

Es gab Tage (etwa um diese Zeit, Juni 2006), wo ich dachte, sie wird eine Waffe mitbringen, sie wird mich umbringen und nicht sich. Sie ist eine Medea, eine Frau, die total ihr weibliches Recht einfordert auf eine weibliche Bestimmung hin, ein exklusiv weibliches Sein, und der es nicht genügen kann, ihre eventuelle Nebenbuhlerin umzubringen. Nein, sie muss auch den Mann treffen, so wie Salome, die die Zurückweisung nicht verkraften kann und „Herodes am Schluss ihres Schleiertanzes gegen ihren Busen drückt und den Rest des Abends unbekümmert halbnackt mit dem abgehackten Kopf des Jochanaan herumbusselt".[36] Man muss die Irrationalität unserer Beziehung manchmal in derartigen Bildern ausdrücken. „Diese *wahren* Frauen, das hat stets etwas ein wenig Verirrtes an sich."[37] Sie sind einfach zu wahr, zu aufdringlich wahr, und deswegen haben die Frauen selber nichts von dieser Wahrheit.

Denn zu dieser Zeit war Jocelyne N. noch sehr affektgeladen, rief mich manchmal mehrmals am Tag an, und wir mussten uns manchmal abends oder an einem Samstag in meiner Praxis treffen. Sie hatte mich scheinbar im Griff. Ich war der Unterlegene, ich befand mich in dieser sonst dem „Weiblichen als solchem" oft zugeschriebenen diffusen Schwäche und Unsicherheit. Aber ich erkannte dies gleichzeitig als die einzige Chance, die Therapie weiterzuführen. So etwas wie diese Befürchtungen, dass sie mich verfolgte, war sicher zum Teil etwas paranoisch. Der andere Teil bestand aber ebenso sicher in jener Form von Jocelyne N.s Erotomanie, die Fachleute als eine – wenn auch milde – Form von Stalking bezeichnen: „beziehungssuchendes Stalking" z. B.[38]

Ich schreibe dies nur, um zu zeigen, wie heftig damals die Gefühle und Affektausbrüche Jocelyne N.s waren. Zweimal lauerte sie mir vor meiner Praxis auf und tat so, als ob sie zufällig zur Bank gehen müsste. Oder sie rief

---

[36] So kommentiert R. J. Brembeck eine Vorstellung des Wilde / Strauss - Opus „Salome".
[37] Lacan, J., Die Bildungen des Unbewussten, Turia + Kant (2006) S. 228
[38] Hoffmann, J., Stalking, Springer (2006) S. 70

mehrmals in der Praxis an und spielte meinen Angestell-
ten tot traurige Musik vor. Einmal ging sie auf den Bal-
kon hinaus, so als wollte sie jetzt hinunterspringen, aber
es war nur der erste Stock, die Brüstung war hoch und ich
hätte noch schnell hinzuspringen können. Ich wollte ihr
zeigen, dass ich ihre Verfassung richtig einschätzte, nämlich dass sie nicht wirklich springen wollte, ich sie aber
dennoch ernst nahm.

Ich hatte Erfahrung in der Therapie mit Borderline- und
ähnlich komplex gestörten Patienten. Aber viele Autoren
halten bereits derartige Etikettierungen für falsch, sie ver-
letzen die analytische Neutralität.[39] Vor lauter Etikett-
Zuschreibungen verbaut man sich den echten Zugang
zum Patienten. Die Autoren schreiben auch, dass es keine
festgelegte Auffassung über den therapeutischen Zugang
zu diesen Patienten geben sollte, was ja auch meine Meinung bestätigt. Auch David Mann, ein Psychoanalytiker
aus London, den ich ja bereits zitierte, hatte befürwortet,
die *Übertragungs*-Liebe, auch die massivere erotische-
sexuelle *Übertragung*, nicht nur als ein Hindernis für die
Behandlung zu sehen, wie dies noch viele Analytiker
heute tun, sondern sie ernst zu nehmen, ihr einen gewissen Wert zu lassen, behutsam mit ihr umzugehen, ja, speziell sie zur therapeutischen Arbeit heranzuziehen. D.
Mann sagt zurecht, dass die erotische *Übertragung* an die
tiefsten Wurzeln der Psyche rührt und dass sie das innere
Gleichgewicht des Patienten und des Therapeuten ins

---

[39] Abend, S. M., Porder, M. S., Willick, M. S., Psychoanalyse
von Borderline-Patienten, Vandenhoeck & Ruprecht (1994) S.
198 und 214 -16

Wanken bringt und auf diese Weise bedeutende Möglichkeiten zum inneren Wachstum schafft.[40] Er spricht sich sogar dafür aus, dass inmitten der erotischen *Übertragung* zu therapieren die lebendigste Art der Analyse ist. Aber es ist sicher auch die schwierigste und heikelste.

D. Mann spricht davon, dass sich viele Therapeuten in einer geradezu „schizoiden Weise" von Liebesgefühlen in der Therapie „distanzieren" oder dass sie in eine „wechselseitige Idealisierung in der mütterlichen Gegen-*Übertragung* geraten" nur um die Erotik abzuwehren.[41] D. h. wir bemuttern, betutteln unsere Patienten-Kinder und stellen dabei die Mutter-Kind-Liebe als das Optimum der Liebe dar. Wir tun, als wären wir Samariter, Theologen oder Sozialarbeiter. Diese „höllischen" Lieben dagegen, diese erotomanische Atmosphäre, diese Liebeslust der Ur-Frauen, spiegeln nur die Angst des Mannes und anscheinend auch manchmal des Psychoanalytikers vor der wirklich emanzipierten und freien, reifen Frau wieder. Schon im Mittelalter wurden diese Frauen entweder als Erotomaninnen stigmatisiert und verbrannten innerlich in Liebesverzückungen, von der Familie isoliert zu Hause oder eingesperrt in ihren Klöstern. Oder sie erlitten als Hexen äußerlich das gleiche Schicksal. Nur der wissenschaftliche Eros, die *Berufung zu lieben*, zu lieben im

---

[40] Mann, D., Psychotherapie – eine erotische Beziehung, Clett-Kotta (1999)

[41] Damit ist gemeint, dass die Liebe nicht in ihrer Ur – These - Form, sondern wie seit jeher im jüdisch-christlichen Abendland etwas ins schuldlos reine, mütterliche, verschoben kommuniziert wird.

Namen dessen, was es wirklich heißt Schöpfer, Symbolisierer, Bewahrheiter, Berufen(d)er, „Benamer" zu sein - „Vater-Name" (so Lacan) – scheint der beste Regulator des Begehrens, der Schutzengel des Therapeuten und seines Patienten zu sein. Denn in diesem „Namen" kann jede Art von Eros kulminieren und deklamiert werden. Auf die richtige, innige Deklamation kommt es an.

In diesem Sinne muss man also in die Tiefe der sprachlichen Auseinandersetzung, der *Übertragungen* und Gegen-Gefühle, psychischen Gegenbesetzungen und des Wortreichtums mit den Frauen eintreten. Man muss ihnen die Möglichkeit geben, sich ständig darüber auszudrücken, erkennen, erfühlen zu können, woher diese Liebesmächte kommen, warum sie so und nicht anders sind und wie sie psychoanalytisch interpretiert, wie sie verstanden und ins Leben integriert, ja notfalls in einer ertragbaren Form sublimiert, in Kunst oder neuen sozialen Formen oder weiß Gott wie sonst gelebt werden können. Wir sind es doch, die die Frauen in der Analyse zu verrückten und „zu schamlosen Reden verführen",[42] wenn wir sie nach Freuds Regel „auffordern, alles zu sagen, was ihnen in den Sinn kommt". Wir sind es doch, die sie mit der Behauptung, dass wir total abstinent sind,[43] gerade dazu reizen, uns das Gegenteil zu beweisen. Und wir sind es, die ihnen die Liebe verweigern, wenn wir ihnen

---

[42] Krutzenbichler, H. S., Essers, H., Muss denn Liebe Sünde sein? Zur Psychoanalyse der Übertragungs- und Gegenübertragungsliebe. Psychosozial Verlag (2002) S. 157
[43] Gemeint ist die psychoanalytische Abstinenzregel, keine Kontakte außer dem Gesprächskontakt zu haben.

nur ein bis zweimal die Woche eine nüchterne Gesprächssitzung anbieten, bei denen wir unsichtbar hinter der Couch sitzen sollen, kalt wie „ein Chirurg". Wir Analytiker sind doch die neuen, modernen Frauenetikettierer, die behaupten, dass die Frauen trügerisch in Bezug auf die Wahrheit sind.[44]

Nein, die Liebe dieser Frauen ist auch irgendwo wirklich Liebe und nur eines sollte sie nicht sein: aussichtslos, verrückt und tödlich.[45] Welche Frau auch immer so extrem liebte, sollte doch eine Chance haben, irgendwie damit leben zu können, und wenn sie dazu einen Orden gründen muss wie die Heilige Theresa von Avila, diese Urwüchsigste aller Liebestollen.[46] Oder - wenn wir in die Moderne gehen – ich zitiere nochmals Ingeborg Bachmann, die von sich selbst sagte, sie sei „eine Erotomanin, die nur nie davon Gebrauch gemacht hätte," und die es eben niederschreiben musste, sonst gäbe es davon für uns heute nichts von ihren sehnsuchtsvollen und liebessüchtigen Geschichten, ja, es wäre gar nicht Liebe bei ihr gewesen. Fassbare, greifbare Liebe. *Liebe* war es bei Ingeborg Bachmann schon, aber nicht diese mörderische Liebe, von der sie eben nicht Gebrauch gemacht hat. Dafür

---

[44] Lacan, J., Seminar II, S. 330-47 und L´Etourdit (1973) S. 50
[45] Viele Analytiker sind heute der Ansicht, dass Übertragungsliebe und reale Liebe nicht zu unterscheiden sind und daher auch nicht unterschieden werden sollten.
[46] Lacan sagt sogar, sie sei die Urigste aller Bumserinnen gewesen, was sicher in der Allegorik zu weit geht. Aber auch sie war an einer Erotomanie erkrankt, bis sie schließlich das „ideale Objekt" in ihrem Gottesbild fand.

hat diese von ihr Gebrauch gemacht. Wie bei Jocelyne N. zeigte diese Liebe ihre andere, ihre autoaggressive, ihre selbstmörderische Seite. Daran sind schließlich beide, Jocelyne K und die Bachmann, gestorben.[47] Oder konnten sie wirklich, absolut, nicht weiterleben?

Mich erinnerte die Geschichte mit Jocelyne N. auch an die Oper G, Donizettis ‚Lucia die Lammermoor', in der es auch um die totale, uferlose, erotomanische Liebe geht. Doch Lucias Liebe wird erwidert, sie wird durch heilige Schwüre und Gelöbnisse für immer im gegenseitigen Pakt festgeschrieben. Sie und ihr Geliebter Eduardo sind wirklich ein inniges, fest verwachsenes Paar, und doch, oder auch vielleicht gerade deswegen, scheitert Lucia, und zwar an den Intrigen und kriminellen Tricksereien ihres älteren Bruders, der damals die gesellschaftlich zementierte Macht über die Frauen in der Familie besaß. So unmodern ist dies gar nicht, denn wir erleben auch heute noch sogenannte Ehrenmorde, wenn die jüngere Schwester türkischer Migranten sich der freien Liebe hingibt. Auf jeden Fall verhindert Lucias Bruder, dass der in der Ferne weilende Geliebte ihre Briefe erhält und auch seine Briefe an Lucia werden abgefangen. Sie werden auch noch mit der Mitteilung gefälscht, er habe jetzt eine andere gefunden.

Verzweifelt und verstört unterschreibt Lucia nach langer Zeit letztendlich den Heiratsvertrag mit dem Typen, den

---

[47] Ich glaube, dass der Tod I. Bachmanns durch eine brennende Zigarette im Bett zumindest unbewusst suizidal mitverursacht war.

ihr Bruder für sie ausgesucht hat. Doch im Moment der Hochzeit erscheint der Geliebte, und nun lässt sich nichts mehr gut und glaubhaft machen, nun helfen keine Erklärungen mehr, der Geliebte liest den Ehekontrakt und verflucht sie. Jetzt wird die Verzweiflung schrecklich, Lucia kann Eduardo durch nichts ihre immer noch während Liebe glaubhaft machen, schließlich ersticht sie den ihr durch Intrigen zugeführten Ehemann und singt, selbst blutüberströmt und total benommen, die so betitelte ‚Wahnsinnsarie'. Solche Klänge, solches Pathos, solches überbordendes Gefühlschaos erscheint uns heute zu maßlos und übertrieben, doch andererseits: warum es nicht einmal so nachempfinden, so nacherleben, denn heutzutage werden derartige Opern oft mit Konterkarierungen schriller Art inszeniert, die die modernen, zwar nicht ganz gefühllosen, aber doch exaltiert sexistischen, großstädtisch flappsigen und blutrünstigeren Darstellungen bevorzugen. Die Verzweiflung Lucias wäre dann nur noch monströs.

Wenn auch strukturell ähnlich, so war meine psychoanalytische Beziehung zu Jocelyne N. doch das krasse Gegenteil zu Donizettis Oper. Auch wir befanden uns zwar verbunden im sogenannten therapeutischen Pakt, dass von ihr alles ausgesprochen werden und meinerseits strikte Neutralität herrschen sollte. Doch die Intrigen und Tricksereien des Unbewussten im Übertragungs/Gegenübertragungskomplex schienen stets zu verhindern, dass dieser Pakt sich bewähren konnte und ein glückliches Ende nahm.

Schon vor mehr als 2500 Jahren hat Platon im Phaidros dieser manischen Liebe ein Denkmal gesetzt. Er nennt sie

Sokrates folgend einen „göttlichen Wahnsinn", und er plädiert eigens dafür, dass hier, in diesem Fall, Wahnsinn besser und wertvoller ist als alle Vernunft.[48] Der erwachsene Mann darf in dieser Weise selbst die Knaben lieben, aber er darf es nicht „unphilosophisch" tun, hieß es. Platons Gleichnis der Seele als dem Wagenlenker und den zwei ungleichen Rossen entsprechen exakt der Matrix von Übertragungs/Gegenübertrtragungsliebe. Analytiker und Analysand sind sich in diesem Wahnsinn gleich, sie müssen sich nur der göttlichen, philosophischen oder eben auch psychoanalytischen Natur desselben gewahr sein. Der Körper ist dann kein Hindernis, denn diese Liebe ist eine Idee, ein eingebranntes Bild, ein Pakt, ein körperbezogenes Sublimieren. Die Ideen waren bei Platon das Wirkliche und man hat sie später mit Idealen verwechselt.

Aber eine Idee kann sehr stark und mächtig sein, eben wie ein eingebranntes Bild, besiegelt, beschlossen, „körperhaft". Dieser Phaidros ist so wunderbar zu lesen! Sokrates und sein Schüler Phaidros wandeln vor den Toren Athens an einem heißen Tag im Schatten der Eukalyptushaine, die Idee, das vollkommene Konzept, das Urbild der Liebe ist zum Greifen nah, unsterblich schön, gewaltig . . . Als es kühler wird kehren sie nach Athen zurück – wahrscheinlich, um noch einen Schluck zu trinken. Sie haben es verstanden zu genießen.

Diese Liebe wird nur greifbar retroaktiv, sie wird nur zur Fülle in einem rückgreifenden Vorwärtsstürmen, in einer

---

[48] Platon, Phaidros, Insel Verlag (1991) S. 59 - 69

kraftvollen Idee, in einer lebendigen Besiegelung dieses „heiligen Wahnsinns". Diesbezüglich ist es den Mystikerinnen und auch den modernen Schriftstellerinnen also anscheinend nicht anders ergangen, „Ihre Hingabe aus Liebe diente der Ausbildung einer anderen Wirklichkeit, in der ihr Körper [der Frau] nicht gebraucht wird."[49] Doch es ist nur eine Wirklichkeit „anders herum", eine verfrühte oder verspätete Wirklichkeit. Wenn Liebe etwas mehr als nur ein „Geben, was man nicht hat" sein soll,[50] wie Lacan es formuliert, dann muss der lebendige Mensch mit dabei sein, sie muss erkannt, erfasst, ergriffen werden können, wenn auch nicht im zu starken physischen Sinne „erlebt", aber doch gegenwärtig erfahren sein!

Auf jeden Fall hätte Jocelyne N. wohl nicht eine von jenen „normalen" Frauen werden können, deren Weiblichkeit „immer etwas von einer Alibifunktion an sich hat?"[51] D. h., die sich immer irgendwie zu entschuldigen scheinen, dass sie als Frauen – „wie Gott sie schuf" – da sind. Empfänglich, hingabefähig, verführerisch, aber gleichzeitig diesbezüglich verunsichert, schwankend, unbestimmt.

---

[49] Schmitz, H, Von Sturm und Geisteswut, U/. Helmer Verlag (1998) S. 23
[50] Diese Definition bezieht sich jedoch speziell auf die Verliebtheit, in der man aus einem Überschwang zu geben glaubt und auch der andere glaubt eben, dass es sich dabei um eine wirkliche Gabe handelt. Aber es muss um mehr gehen, um ein Geben von dem, was man ist.
[51] Lacan, J., Die Bildungen des Unbewussten, Turia + Kant (2006) S. 228

Gibt es nicht zwischen diesen Extremen der totalen Norm bzw. Angepasstheit und der Liebestollheit auch eine reife Vielschichtigkeit der Frau als weiblichem, sozialem, körperlichem, politischem etc. Wesen? Spannung, Konflikte und gegenseitige Missverständnisse über all dies waren in unseren Sitzungen stets gegenwärtig.

Im Juni 2006 hatte Jocelyne N. den Führerschein wegen einer ziemlich hochpromilligen Autofahrt abgeben müssen. Sie trank also doch immer wieder ganz erheblich. Auch Blutuntersuchungen des CDT[52] bestätigten dies, zudem waren in dieser Blutkontrolle keine Medikamente nachweisbar. Sie nahm also das Mirtazapin, das ich ihr nach Rücksprache mit Nervenfachärzten zu dieser Zeit erneut gegeben worden war, nur sehr unregelmäßig ein. Eine kurzfristige akute Einnahme wirkt nicht. Umgekehrt nahm sie dann manchmal übermäßig hohe Dosierungen dieses Mittels, was zwar eine bestimmte Wirkung erzeugt, die dann aber auch erheblich von Nebenwirkungen belastet ist. Den wiederholten Vorschlag, jemanden zur Behandlung hinzuzuziehen, evtl. Angehörige in die Problematik ihrer verklausulierten Todesahnungen einzuweihen, lehnte sie ab. Ich hatte keine Möglichkeit, Adresse oder Telefon einer ihrer Vertrauenspersonen herauszufinden. Aber nach einigen derartigen Diskussionen kam ich auch zu dem wiederholten Schluss, dass dies die Probleme sowieso nicht besser lösen würde. Im Gegen-

---

[52] Carbohydrate Deficient Transferrine ist ein Enzym, das den Alkoholkonsum vergangener Wochen anzeigen kann.

teil, sie könnten durch Diskreditierung verschlimmert werden.

*Weck mich, bevor es dunkel wird    Donnerstag, 7. Juni 2006*

*Seit ich am Montag Hans wiedergetroffen hatte, und er mir unmissverständlich klargemacht hatte, was er will, ist mein Leben noch mehr durcheinandergeraten. Donnerstag nun, Vollmond, ich kam zu Ihnen und fühlte mich nach dieser Sitzung total missbraucht und verraten. Ich kam mir vor wie ein Versuchskaninchen, eine Laborratte, irgendein beliebiges „Vergleichsobjekt", austauschbar gegen alles, nur um Ihren Ehrgeiz zu befriedigen. Ich war tief verletzt. Ich dachte, na warte, das werde ich dir heimzahlen. Auch fühlte ich mich dahingehend verraten, dass Sie gesagt hatten, ich könnte Sie jederzeit per Handy (scheußliches Wort) erreichen, Pustekuchen! Das weitere wissen Sie - Anrufe, SMS etc. Ich war jedenfalls stinkwütend auf Sie, auf mich, auf die ganze Welt. Da kam mir Hansens Begehren gerade recht. Ich hatte nur noch das Treffen am Freitag im Kopf, bzw. hatte mich, als Überlebensstrategie, darauf fixiert. . . .*

Ich war weggefahren und hatte mein Handy die meiste Zeit ausgeschaltet, weil Jocelyne N. mir eine SMS nach der anderen schrieb, dass sie sich jetzt, jetzt sofort umbringt. Und ich habe auch gesagt, dass ich wegfahre und hinzugefügt, dass ich nicht dauernd erreichbar sei. Vielleicht war es eine Notbremse von mir, ein „Halt-einmal-kurz-an". Einmal kam doch eine telefonische Verbindung zustande und ich hörte ihr solange zu, bis sie wütend war, weil ich nichts entgegnete. „Ich höre Ihnen so lange zu, bis Sie wirklich fertig sind," sagte ich. „Und Sie sind noch nicht fertig." *Doch*, hat sie erwidert, *weil jetzt mein*

*Leben endet.* So waren wir wie Verbrecher, die wissen, dass sie nur auf dem gleichen aggressiven Niveau miteinander sprechen, dass sie nur gemeinsame Sache machen können, wenn sie ihre Haut retten wollen. Und in dieser verbrecherischen Komplizenschaft steuerten wir auf ein möglichst großes Verbrechen hin, dem L´amourire, dem Sterbenlieben, dem Liebessterben.[53]

Denn vielleicht war es ja doch so, dass sich an den Gefühlen Jocelyne N.s gar nichts ändern d u r f t e. Ihr Leben war so an den Rand, an den Abgrund seiner eigenen Möglichkeiten geraten, dass nur ein Abenteuer, eine Extremtour, ein Va-Banque eine Chance zur Regulierung ihrer Gefühle und Gedanken sein konnte. Als Heldin der eigenen Phantasien war für sie das „Außer-Sich-Sein" aus Liebe die einzige und ideale Version zu existieren. Aber warum war ihr Leben so am Abgrund? Verschwieg sie mir etwas von ihrer körperlichen Verfassung? Pokerte sie mit ihrem Körper, dessen Erotik sie doch in ihren Angeboten an mich hoch einstufen musste, der aber meinem medizinischen Blick bezüglich dieser Höhe nicht standhielt? Ganz vital-gesund war sie jedenfalls nicht.

*Freitag, 22. Juni 2006 - 2.30 MEZ*

*Nach einem aufwühlenden Traum war ich natürlich wieder wach - immer noch wütend, verletzt, verzweifelt, immer noch entschlossen, mich zu rächen, ob all*

---

[53] Darin steckt französisch amour, Liebe, mourire, Sterben und die linguistisch perfekte Vereinigung zweier Signifikanten. Gleichzeitig will ich damit die Todesdrohung benennen, die einen hohen Anspruch in einer Theorie der Liebe kennzeichnet.

*des Leides, das nicht zuletzt Sie in mir verursacht haben. Mirtazapin hat nicht geholfen, also habe ich angefangen, zu „meinen Mitteln" zu greifen. Ich wollte den Kontakt mit Ihnen definitiv beenden (s. SMS) und wollte mich, aus Trotz, wie ich bald feststellen sollte, wieder einmal in ein Abenteuer stürzen -> Hans. Im Büro war ich bester Laune, habe wieder mal den Pausen-Clown gespielt (im wahrsten Sinne des Wortes „gespielt", was auch nicht in meiner APB steht, habe in den letzten Wochen 3 neue Spiele erfunden für die Mittagspause, die ich ja im Moment auch machen darf, da ich über 5 Stunden arbeite - wie lange, kommt noch!) Den ganzen Tag spürte ich ein Unwohlsein, das eigentlich in dieser Form keine Berechtigung hatte. Und dann, ich war gerade zu Hause, das Ergebnis: Da ich nicht an Zufälle glaube – 3. Juni -> Geburts- und Todestag meines Mannes, ich, in Erwartung, seit dem 3. Juni 2001 wieder mit einem Mann (Hans) zusammen zu sein, sexuell, bekomme völlig unfahrplanmäßig, am „3.". meine Tage, obwohl mein Zyklus seit vielen Jahren fast auf die Stunde zu berechnen war. Ich dachte nur: Haben sich Himmel oder Hölle, oder beide, oder das Universum, oder mein Mann aus einer transzendenten Dimension, oder alle zusammen gegen mich verschworen?*

*Jedenfalls, als Hans kam - ich hatte Essen vorbereitet, meine Japaner waren in dieser Nacht bei Arunee (thailändische Wissenschaftlerin und mittlerweile Schülerin von mir, 28 Jahre), Hans hatte mir einen Opal aus Australien mitgebracht, da habe ich - nach dem Essen - zu ihm gesagt: „Hans, es bringt nichts. In meinem derzeitigen Zustand bin ich gar nicht fähig, anders zu lieben (er wußte....), außerdem, du willst Kinder, ich kann dir keine geben!" - Einwand Hans: Ich will keine Kinder mehr, ich will nur mit Dir zusammen sein, wir verstehen uns doch so gut, und ich werde Dir helfen, dass du das Problem mit deinem Arzt bewältigst!" - Antwort meinerseits: „Habe ich schon (dachte ich)." - Es ging hin und her, und ich war wieder einmal dabei, so, wie damals in Südtirol, im Schnee, die Dinge ihren Gang nehmen zu lassen. Doch bei Hans konnte ich es nicht. Ich sah ab diesem Tag nicht mehr den Mann, sondern den Sohn, den ich „damals" (Abtreibung) evtl. „ausgelöscht" hatte. Damit war jegliche sexuelle Spannung, von der ich glaubte, dass sie vorhanden war, die aber in Wirklichkeit nur eine Reaktion auf Ihre Abweisung, bzw. Ihre Haltung mir gegenüber war, erloschen. Hans hat sich alles sehr zu Herzen genommen. Er ist dann auch bald gegangen, und ich war zutiefst beunruhigt, was Hans anbelangt und immer noch wütend auf Sie, auf mich und auf das ganze Universum.*

Ja, schade, hätte es doch geklappt mit dem Hans! Auch wenn dieser Gedanke von mir nicht sehr geistreich ist, so war er bei mir doch einen Moment da. Aber ich dachte mir auch sofort, sie schreibt mir das nur, um mich weiterhin neugierig und eifersüchtig zu machen. Und vor allem auch: ich sollte denken, dass eben alles von einer höheren Macht gesteuert sei. Ich sollte das endlich akzeptieren.

*Sonntag, 30. Juni 2006*

*Seit einer Nacht vor 10 Tagen begannen diese Visionen von toten Personen, die ich alle persönlich kannte. Diese Wahrnehmungen verfolgen mich seitdem mehr oder weniger jede Nacht. In dieser heutigen Nacht jedenfalls tauchten meine verstorbene Lieblingstante auf, die mich wie ihre eigene Tochter geliebt hat, ihr Mann, mein Lieblingsonkel, auch verstorben, von dem ich Schach und Skat und viel über Flugzeuge gelernt habe, dann war da meine Großmutter; ich weiß nicht, war es Traum oder Erscheinung oder Vision, jedenfalls hörte ich sie immer sa-*

gen: "Komm, komm!" - Ich war immer wieder wach, habe
dann 4 Mirtazapin genommen, weil ich einfach nur noch
Angst hatte. Gegen morgen hatte ich dann wieder so einen Wachtraum. Das Handy klingelte, und Sie waren
dran, aus Amerika anrufend. Es war auch eine Nummer
in meinem Kopf. Ich habe diese Nummer gewählt und es
war tatsächlich die Nummer eines Hotels in Boston. Ich
konnte wirklich nicht mehr zwischen Traum und Realität
unterscheiden. Es war gegen 5.00 Uhr, da habe ich es
nicht mehr ausgehalten. Ich habe mich fertig gemacht,
hatte schon den Autoschlüssel in der Hand, die Katzen
waren auch völlig verwirrt - die spüren immer, wenn mit
mir etwas nicht stimmt - dann habe ich den Autoschlüssel
wieder hingelegt und den Fahrradschlüssel genommen.
Ich bin ca. 1 Stunde sinn- und planlos in der Gegend
rumgefahren, bis ich völlig erschöpft wieder zu Hause
ankam. Erst nach 21.30 Uhr bin ich wieder aufgewacht.
Die Katzen zu füttern schaffte ich gerade noch, aber
dann bin ich wieder zusammengebrochen. Wieder ein
Weinkrampf. Das kostet alles so viel Kraft! Ich will nicht
mehr! Wieder unruhiger Schlaf! Diesmal erschienen mir
Roger {oben schon erwähnt), Sir Peter Ustinov, den ich
sehr verehrt habe und den persönlich kennenzulernen
ich in Berlin anläßlich eines Anne-Sophie-Mutter-
Konzerts die Ehre und das Vergnügen hatte - es war eines der beeindruckendsten Erlebnisse in meinem Leben
- und Freddie Mercury (Sänger der Rockgruppe Queen),
den ich jedesmal getroffen habe, wenn die Band in Berlin
war, oder auf Tour (Tourbegleitung) und der im Herbst
1991, als Jimmy und ich gerade in Irland waren (St. Kili-
an!), an AIDS gestorben ist (in diesen Zeitraum fiel übrigens auch der Untergang der „Estonia", merkwürdig,
was?) -Und wieder die Worte: „Komm, komm!"

Dieser Brief hat mir schon Angst gemacht. Sie hat einen
Traum, und dann wählt sie wirklich eine Nummer in

Amerika, spricht auch noch mit einer dortigen Hotelrezeption; und erst als sie wach genug war, um zu erkennen, dass das alles nicht stimmen konnte, ist sie aufgestanden. Sie war wirklich am Ende, kaputt, voll von Todesträumen, einfach elend. Und doch ist sie noch ein Jahr lang weiter zu mir gekommen, scheinbar stabil, zumindest erschien sie bei mir in genügender Weise vital und lebensfähig. Sie muss auf einem Grat gewandert sein, wo der Absturz wirklich nahe war. So habe ich das auch gefühlt, aber bei mir gedacht, dass dieser Grat doch einmal in normales Gelände, in weites und schönes Land übergehen wird. In ein Land ohne quälende Sorgen, ja, in ein Land menschlicher Freundschaft und Wohlwollens.

*I dreamt tonight of a silver dressed man who came from dark woods. He said a couple of incomprehensible words to me but it was a tender tone in his voice. So tender as if he would embrace me, stroking my hair, touching me, caressing me, bewildering . .*

*Very best regards Jocelyne N.*

Zwischenzeitlich habe ich für mich damals auf Grund all der Informationen unserer Gespräche und Briefe  etwa Folgendes in Gedanken zusammengezimmert (was ich auch in einem zweiten Gutachten für die Krankenkasse etwa ein Jahr später ausgeführt habe): Jocelyne N. hatte sich in extremer Form mit dem „Männlichen" identifiziert, das von der Dominanz der Mutter her stammte, während sie gleichzeitig in der „oralen" Beziehung zum Mütterlich-Weiblichen gefangen blieb. Nur in der notfalls eigenen Männlichkeit sah sie eine Chance, das Trauma, kein gewünschtes, begehrtes, gewolltes Kind zu sein, zu überwinden und die Schwäche des Vaters zu kompensieren. Sie meinte schon in der frühesten Kindheit ihre Mutter als „Geschlechtsrivalin" wahrgenommen zu haben, weil sie die Mutter schon im frühen Alter gebissen und geschlagen und in Grund und Boden geschrien habe. Es hat also eine frühe Bindungsstörung gegeben. Das heißt, es gab durchaus eine Bindung aber sie riss früh ab, es war, als würde diese erste frühe Liebe zerbrochen und verraten. Denn Liebesverrat ist ein schlimmeres Trauma für ein Kind als das von vielen so dramatisierte Zu-Wenig-Geliebt-Worden-Sein. Die ins Gegenteil verdrehte Mutter, der ‚silver dressed man', hätte dies retten sollen.

Jocelyne N. hat ihr Leben lang versucht, andere Frauen zu „besiegen", indem sie den Männern gegenüber stets die war, die nicht nur mehr „sexy" sondern auch intelligenter (sprach- und musikbegabter, belesener) war, und so konnte sie sich wegen dieses frühen Verrates rächen. Es war wie in dem berühmten Fall den Joan Riviere in einem Artikel namens „Weiblichkeit als Maskerade" schilderte. Diese Frau pflegte wie Jocelyne N. alle Register der Männlichkeit zu beherrschen und dennoch perfekt die volle, nachgiebige und zarte Frau zu repräsentieren. Grund dafür, dass ihr Leben zu einer totalen Maskerade wurde, war auch, dass sie von ihren Eltern nie anerkannt worden war und nunmehr auftrumpfen wollten, dass sie die Eltern sogar noch überflügelt hätte. Aber die „kleine Unklarheit", die erst nicht sichtbar werden wollte - bei J. Riviers Patientin deren panische Angst vor Vergeltungen eben dieser Männerwelt, deren Insignien sie so beherrschte, bei Jocelyne N. ihr Triumph über die Frauen, deren Insignien sie so verachtete - brachte beide zu Fall.

Jocelyne N.s Vater war extrem schwach und hilflos und konnte keinem der Kinder Orientierung geben. Die übliche Identifizierung / Objektwahl zum Vater, die damit einhergeht sich in unserer patristisch gefärbten Gesellschaft zurechtzufinden und einzurichten, hat sie nicht vollzogen. Den Schritt zum Vater, zu dem man nur durch eine Übertragung, Transponierung, Verwandlung all der Mutterbezogenheiten kommt, konnte sie nicht tun. Sie hat sich nur die Insignien der Männer-Vater-Welt geholt, aber von daher, wie die Mutter sie ihr geboten hat. So trat Jocelyne N. in der Übertragungsbeziehung zu mir zuerst einmal in die Wiederholung dieser früh-mütterlich-weiblichen Konfliktsituation ein, in der mein Zuhören und meine Zuwendung starke orale Sättigung versprachen. Gleichzeitig wurde ich aber als Analytiker zum ersten wirklichen „Maitre" in ihrem Leben, der auch den symbolischen Vater repräsentierte. In diesem enormen Aufbrechen von Gefühlen und Spannungen, von Hingabewünschen und Dominanzstreben, von Lust und Kraft, öffnete sich dieser unwiderstehliche Sog, der in einem einzigen Objekt – im Objekt einer universellen Liebe - alles verwirklicht sieht.

Aber auch das sind nur theoretische psychoanalytische Interpretationen. Es war schon lange klar, dass derartige Deutungen sie nicht erreichen und ihr genügen würden. Den „desinteressierten Gebrauch von Liebe" (ein Ausdruck der Psychoanalytikerin C. Soler, dass der Therapeut keinen Anspruch in seiner Gegenübertragung haben darf) konnte ich nicht perfekt genug handhaben. Der Ausdruck klingt ja auch schrecklich nüchtern, utilitaristisch.

*Traum, 16 Juli 2006 - round 2.00 a. m.*
*Morgendämmerung (or should I say „twilight of the gods"?)*
*Nebel - ich ging durch einen Wald (schwarzes Gewand) ~ deutscher Wald, aber kein echter Mischwald, Tannen, Fichten, aber auch Birken. Pflanzen: Belladonna, Hyoscyamus niger, Stramonium, Hedera Helix. Pilze: Knollenblätterpilz, Pantherpilz,*
*Fliegenpilz (Agaricus muscarius), sein Rot trat deutlich unter all den anderen hervor.*
*Ich fühlte mich **unheimlich** wohl. Morgentau überall. Das Radnetz einer Kreuzspinne vor mir.*
*Wunderschön, filigran, wie eine Kristallstruktur!*
*Ich ging weiter - plötzlich von einer Birke (?) ein Python molurus (Tigerpython), wunderschön!*
*Er umschlang mich, aber ich fühlte nur Frieden*
*Vielleicht sollte ich in die Wälder zurückkehren.?*
*May be as unicorn? Who knows!*

Auch dieser Traum ist vielleicht nicht schwer zu deuten, aber wahrscheinlich handelte es sich nur um einen Tagtraum, eine Jungmädchenphantasie, die weiß, dass der i-Tigerpython hier die Sexualität symbolisiert, speziell auch wieder die „phallische Mutter", die Sphinx, die sie ja selber sein will, Jocelyne N., ihr Todeswunsch, ihre sadomasochistische urerotische Sehnsucht. Ich mag es selbst gar nicht mehr schreiben, es geht immer um dasselbe, Liebe, Sex und Tod. „Dieser Todeswunsch soll nicht zu einer Trennung führen, sondern jede Getrenntheit aufheben . . . . und richtet sich deswegen darauf, eine höchst begehrte sexuelle Vereinigung vollziehen zu können", schreibt auch der Psychoanalytiker R. Britton.[54] Es ist ein Tod im Leben, jedoch nicht der, den wir alle ständig irgendwie sterben müssen oder sollten (Angst, Verzweiflung, Trauer, Schuldgefühl, Schmerz etc), um einmal reif für den letzten, den wirklichen Tod zu sein. Vielmehr ist es ein „L´amourir", ein „brisotement", eine „escamotage" (die französischen Worte eignen sich so gut dieses gefährliche Spiel anklingen zu lassen), das über alles hinwegtäuschen soll.

Und doch: ich verstehe sie. Blödes Gerede vom Reifwerden für den Tod. Wir brauchen eine Liebe, ständig und überall, die uns begleitet, die konkret ist, wann und wo auch immer, weil nur dann der Tod ertragen werden kann. Ein Leben, ohne wenigstens die Möglichkeit zu jeder Zeit die Liebe zu greifen, greifbar zu haben, ist vertan. Sie hat recht, dass man die Tiere des Waldes, die Mimosenbäume, die Akazien, die Opuntien und Zigorien, Tamarisken und Akapanthusblumen – was nicht alles für klingende Namen! – fast wie erotisch lieben muss. Dass man den Salz-Geruch der Bretagne, den Duft der Rhododendrenwälder in der Connemara, die blass-fahlen Pastell-Farben all dieser Landschaften einatmen, eindringen, ja sich einwühlen lassen muss. Und auch die Menschen, die Blicke der Menschen – man kann sie nicht an sich vorbeigehen lassen, man muss sie unter den leicht gesenkten Augenlidern aufnehmen, man muss sie auf der Netzhaut zergehen, zerschmelzen lassen und sie schließ-

---

[54] Britton, R., Sexualität, Tod und Über – Ich, Psychoanalytische Erfahrungen, Klett-Cotta (2006) S. 15

lich in der Seele umarmen. Das ist es, was sie immer mit dem „Spüren" gemeint hat, ihre Art von „Felt Sense", ich rede selbst schon in dieser Märchensprache, es ist ihr wohl gar nicht zu helfen.

*FAREWELL*                    *1. August 2006*
*Ich werde gehen. Mir geht es schon so schlecht, dass ich nicht mehr viel tun muß, um die „große Grenze" zu über-schreiten - the final frontier! Can't stand this any longer! Ich darf Sie nicht lieben, darf Sie nicht berühren, nicht spüren - dennoch beherrschen Sie mich total. Tag und Nacht, jede einzelne Sekunde sind Sie präsent, und ich kann mich nicht dagegen wehren! - Wenn ich hier sitze, habe ich zwar Ihre Augen, Ihre Stimme und vielleicht so-gar ein klein wenig Seele von Ihnen. Die unmittelbare Konsequenz ist jedoch, dass das Maß von Qual, Leid und Schmerz exponential nach oben schießt. Ich verglü-he - wie eine Sternschnuppe in der Atmosphäre, ich ver-brenne innerlich - ein Scheiterhaufen wäre angenehm dagegen. Ich zerreiße, nein, ich bin zerrissen. Manch ei-ner ist ja schon an gebrochenem Herzen gestorben! Wa-rum muß ich so leiden? Ich habe die letzten Jahre gelit-ten, und als mein Mann letztes Jahr starb, dachte ich, dies wäre der schwärzeste Punkt in meinem Leben, aber das hier ist noch viel schlimmer. Warum bin ich zu Ihnen gekommen? Um noch mehr zu leiden? Ich will nicht mehr leiden, und doch kann ich weder Liebe, noch Qual, Leid oder Schmerz entkommen. Mir bleibt nur ein Ausweg, der über die große Grenze! Und den werde ich gehen - I can't live with or without you! Sie hatten kürzlich gesagt, Sie wüßten einen Ausweg, aber mir war klar, das war nur ei-ne Art Hinhaltestrategie. Es gibt keinen Ausweg! Ich hatte leider wieder einmal recht - algo si muere in el alma, quando un amigo se va......Lo siento mucho! Il faut que je*

*m'en vais. Ex nihilo ad nihilum. Transmission ends...........Jocelyne N.*

Wie sind all die Monate, ja jetzt bald ein Jahr, vergangen? Über was haben wir nicht alles geredet und doch gab es immer wieder diese Einbrüche, dass wir keinen Millimeter weitergekommen sind, dass für Jocelyne N. alles sinnlos und tödlich war. Diese analytische, diese transzendente Liebe, von der Britton auch sagt, man könne sie um Missverständnisse zu vermeiden auch eine „außergewöhnliche Psychoanalyse" nennen.[55] Ich habe zugegeben, dass sie ganz zu recht irgendeine Männlichkeit in mir sieht, die ich nicht zur Sprache bringe. Aber wofür auch? Ich sagte ihr erneut, dass man gemeinsam zum Höhepunkt kommen muss, und ich käme einfach nicht schnell genug hinterher.

Ist das Männliche nicht an einem entscheidenden Punkt simpel, apparathaft, ein einfach in sich geschlossener Zirkel von Lust, bei der der Mann auf dem Höhepunkt seiner Angst, seines Nicht-Mehr-Weiter-Wissens ejakuliert. Das wäre abschätzig gesprochen, hatte sie entgegnet. Wir könnten die Supernovae über uns explodieren sehen, wir könnten Unglaubliches miteinander erleben? Und dann? Ist das nicht auch eine Sackgasse, wenn wir nicht wirklich wissen, was das alles heißen soll, „Sex"? Wodurch wird „Sex" Sex? Wir haben alle eine Vorstellung von Sex, aber oft sind ganz andere Ereignisse, Geschehnisse, „Beziehnisse" viel mehr „Sex" als das, was

---

[55] Britton, R., Sexualität, Tod und Über – Ich, Psychoanalytische Erfahrungen, Klett-Cotta (2006) S. 81

wir so landläufig darunter verstehen? Natürlich ist meine Argumentation hier zu männlich und es ist schwer klar zu machen, dass es eine „infantile Sexualität" geben soll, also, dass etwas in der Kindheit schon das sein soll, was eigentlich erst im Erwachsenenalter so erfahren wird und dann – zurückgebogen in die Kindheit - auch noch so heißen soll, und dass es gerade diese ist, die den wirklichen „Sex", den transzendentalen Sex, die „Metaerotik" verhindert.

Wenn es im Unbewussten der Frau dieses „Monströse" gibt, dann gibt es im Unbewussten des Mannes einen „monströsen" Sex und diese zwei können anscheinend nie zusammen kommen, eine einheitliche Währung ergeben. Aber ich habe es ihr nicht vermitteln können, dass wir Menschen uns am besten in Worten bezahlen, dass die Deutungskunst die eigentliche Währung ist. Jocelyne N. wollte, dass mit „körperlichem Genießen" bezahlt wird. Wir hätten überhaupt nicht von „Sex" und Monstern reden sollen. Und doch sind wir weit gekommen im Verständnis dessen, wie komplex und vielschichtig die Beziehung von Mann und Frau sind und dass sich letztlich nie etwas über das reine, absolute Geschlechts-Verhältnis wird sagen lassen. Denn nochmals: „Der Sexualakt ist eine Fehlleistung", ein Sich-Vertun!

Oder kann man „Es" doch ausdrücken? Ja, Jocelyne N. hat stets darauf beharrt, dass man es in jene mystischen, mythischen, poetischen und starken Geschlechtsworte wird fassen können und müssen, wenn man es nur realisiert hat. Aber wie hätten wir es realisieren sollen im mythischen Vorher einer Sprache, die „Sex" zu dem Nachher sagt? Die einfach „sext"? Hext? Xxxt? „Um wahres

„Xxxt" zu haben", sagte ich zu ihr, „muss man sich enthüllen, seelisch, emotional, mental, „körperhaft", aber man muss sich doch nicht unbedingt physisch exhibitionieren"? Die starke Bedeutungs-, Signifikanten-, Wahrheits-Nähe selbst ist doch schon eine Art von Nacktheit, die jede andere Art von Nacktheit nur wieder verdecken würde. Die physische Nacktheit blendet und die chaotische, erotomane, liebestolle genauso wie die bohrend hinterfragende, wahrheitsfanatische Nacktheit entblößt die Menschen, gibt sie preis und verkauft sie. Gefragt wäre die Enthüllung, die Enthüllung als solche, die Enthüllung per se. Die seelische Nacktheit, die Nacktheit des Unbewussten, die nackte Nacktheit.

*Pour Vendredi, le 21 septembre 2006*

*Sie haben im Zusammenhang mit mir so viele Bezeichnungen gebraucht: Die „Patientin" hatten Sie in letzter Zeit ziemlich unter den Tisch fallen lassen. Sie hatten mich Mystikerin, Heilerin, Schülerin, Lehrerin, Kollegin, Kind, Sorgenkind geheißen, mir sogar (welch Wunder) die Anrede Mutter verpaßt (im Zusammenhang mit meinen „ZVG-Kindem") und einmal - es war am 30. September - da hatten Sie sogar einmal das Attribut „weiblich" über die Lippen gebracht (im Zusammenhang mit der Prinzessin im Turm, auf den Liebhaber wartend), was mich wiederum mehr als erstaunt hat, haben Sie doch das Wort „Frau" in meinem Zusammenhang nur einmal gebraucht! Apropos „Mutter": An meinem Geburtstag war ich abends noch bei meiner Mutter, mein Bruder war auch da. Und meine Mutter erzählte an diesem Abend Dinge aus meiner ersten Lebensphase, die ich ja nicht wirklich mitbekommen habe, die mir aber später von meiner Großmutter hinterbracht wurden. Aber, wie gesagt, an diesem Abend sparte meine Mutter nicht an De-*

*tails und Intensität in ihrer Schilderung. Es wäre für Sie sicher sehr interessant gewesen, dieses zu erfahren, in Hinsicht auf den „oralen" Aspekt. Naja, dazu werden wir wohl nicht mehr kommen, da Sie mir am Dienstag ja auch so unverblümt zu verstehen gaben, dass Sie mir „so" nicht gestatten würden, die letzten Wochen in Gesprächen mit Ihnen zu verbringen, wobei ich finde - wenn nichts sonst, wenigstens das sind Sie mir schuldig! Denn was wollen Sie noch „therapieren"? Den Tod meines Mannes habe ich schon lange überwunden, Sie sind unerreichbar und ich habe mit meinem Leben abgeschlossen, was mein Recht ist. Warum verweigern Sie mir dann diesen - wie ich finde - bescheidenen Wunsch? Sie können Gefühle, Empfindungen nicht als „falsch" bezeichnen, nur weil sie existieren, nein, weil sie leben! Das wäre anmaßend. Sie können die Bedeutung, die Aussage eines „Bildes" einer „Gestalt" nicht als „falsch deklarieren, nur weil beide leben. Das wäre der Gipfel der Ignoranz, des Hochmuts. Nicht einmal „Q" würde sich das erlauben, und Sie sind nicht „Q" (Unimatrix Zero).*

Ja, ich habe es abgelehnt „so" die „letzten Wochen" zu verbringen, nämlich dass Jocelyne N. noch einige Gespräche „als Bonbon" – wie sie sagte - konsumieren könnte, um sich dann umzubringen. „Das ist das Ende der Gespräche", entgegnete ich „oder Sie nehmen diese Drohung zurück." Und siehe da, es war kein Problem, sie akzeptierte diese meine Empörung und deren harten Ton. Wir konnten weiterreden, weiterarbeiten, weiter erreichbar sein. „Selbst wenn ich mich prostituiere, muss ich prüde bleiben", sagte ich, „schließlich machen es die Damen vom horizontalen Gewerbe genauso. Anders könnten sie ihren Beruf nicht ausüben. Wenn sie ständig alle ihre Gefühle zuließen, wären sie schon längst pleite.

Wenn sie sich immer wieder mal verlieben würden, wären sie zerstört. Und dies schon gar, wenn der Freier vorschlagen würde, man solle ihm doch noch ein paar kostenlose „Nummern" schenken bevor er sich dann umbringen würde. Weil sie sich nicht verlieben, sind die Prostituierten nicht *unerreichbar*, der „desinteressierte Gebrauch" hindert niemanden, dass er trotzdem stattfindet. Ja, er findet sogar gerade nur deswegen statt, weil in einer Art Prüderie, in einer f o r m a l e n Impotenz, in einer konsequenten sexuellen Latenz die wirkliche Liebe, die beste *Erreichbarkeit* möglich ist. Formal impotent kann man auch dann sein, wenn man im Eigentlichen gut drauf ist." Für ein paar Stunden, für ein paar Tage hat das auch Jocelyne N. eingeleuchtet und die Möglichkeit des ‚Höhepunktes' offen gelassen.

*Doch, auch Prostituierte verlieben sich, und das ist sogar der einzige Weg, auf dem sie irgendwann einmal aus ihrer Sackgasse heraus finden können. Manchmal bleibt einer der Freier bei ihnen, haben Sie nicht „Pretty Woman" gesehen? Oder „Irma la Douce"? Ach ja, Sie schauen sich ja keine Filme an, weil Sie glauben den ganzen Tag Kino in Ihrer Sprechstunde zu haben. Doch vielleicht ist Ihr Kino zu einseitig. Ich hoffe aber, dass sie unseren Film gut zu Ende bringen. Denn Sie sind der Regisseur, der die Liebe erfinden muss, wie Sie einmal gesagt haben . . . . J. N. Dimanche, le 3. octobre 2006 - 20.36 h*

„Ich sage ja nicht, dass eine Prostituierte teilnahmslos sein muss, kalt, anonym, isoliert zu ihrem Körper. Im Gegenteil, sie muss ihren Körper in gewisser Weise sogar mehr erotisieren als jede andere Frau. Sie weiß, dass ihr Körper ein Erotikum schlechthin ist, und das muss sie auch leben. Sie verkauft ihren Körper schließlich nicht zu Schleuderpreisen. Sie schätzt ihn, sie muss ihn mit einer lasziven Aura ausstatten, sie kultiviert ihn, putzt ihn auf, sie magnetisiert ihn. Eben weil sie damit echt ist, bietet sie auch einen echten Wert an. Und wenn sie innerhalb dieses echten Wertesystems einen echten Freier, einen Befreier findet, ist das ok. Aber leider ist dies wohl die extremste Ausnahme, die es eben – wie Sie richtig sagen – nur im Film gibt," antwortete ich auf Jocelyne N.s Entgegnung.

„Es ist schließlich wie mit den Klageweibern" fuhr ich fort, „die auch nicht nur einfach hysterisch lamentieren, sondern die wirklich klagen und jammern, die ebenso echt sind. Wenn sie vor dem Toten sitzen, denken sie sich immer auch in ihr eigenes, privates aber auch in das generelle Unglück der Menschen hinein und versetzen sich daher in eine echte Trauerstimmung mit echten Tränen und echtem Schmerz in der Brust. Es ist nicht so sehr allein der Tote, dem sie sich zuwenden, sondern dem Leid und dem Schmerz und Unglück der ganzen oft so schrecklichen Welt. Sie stilisieren ihren „Felt Sense" zu etwas, das eben über das Leben hinausgeht."

*Cher Ishkoodah! Es ist erniedrigend.' Demütigend und erniedrigend - wie sehr ich Sie brauche. Und jetzt, da ich fast ein Jahr bei Ihnen bin, ist alles schlimmer denn je.Ich sehe es immer noch vor mir: Als ich seinerzeit zum ersten Mal in der Praxis war, die spartanische Einrichtung wahrgenommen habe, die Bilder an den Wänden und die eigenartige, wohltuende Atmosphäre – ich war mehr als erstaunt, da ich vor Arztpraxen einen heiligen Horror habe, so interessant es auch sein mag, was da alles vor sich geht. Aber was mich am meisten beeindruckt hatte (und wo ich insgeheim in mich hineinlächeln musste), das war Ihr Raum. Das „Chaos" - um es mal vorsichtig aus-zudrücken - auf Ihrem Schreibtisch, Papiere, Bücher, Lauscher und RR-Messer wild durcheinander. (Naja, Le-onardo hatte seinerzeit schon mal gesagt: „Eine gewisse Unordnung kann die Phantasie beflügeln " - wahrschein-lich hatte ich doch immer zu viel Unordnung...) Ja, und damals waren da auch noch diverse Bücher am Boden, u.a. die „Rote Liste" - ich kenne keine Arzt- bzw. HP-Praxis, in der die „Rote Liste" so scheinbar vernachläs-sigt (aus Sicht der „Roten Liste") auf dem Boden herum-steht, bzw. - liegt (auch wenn ich nicht so viele Arztpra-xen von innen kenne.)*

*Jedenfalls empfand ich das alles damals als äußerst ver-traut, wie gesagt, bei mir sieht's auch meistens so aus. Es war wie eine Art „Heimkommen "! Hätte ich damals geahnt, auf welche „ Via Dolorosa" ich mich damit bege-ben würde, ich hätte sofort auf dem Absatz kehrtgemacht und die Flucht ergriffen — damals hätte ich das noch ge-konnt. Aber nein, ich habe die „ Via Dolorosa" gewählt, die ja zwangsläufig in einem Martyrium enden muss. Wa-Sha*

Es klingt alles auch durchaus logisch, was Jocelyne N. sagt. In sich konsistent. Schlüssig. Und zudem bezeichnet sie es äußerst selbstkritisch auch irgendwie als Schwach-sinn. Und natürlich kann man nicht auf dem Absatz um-kehren. Auch ich konnte nicht auf Anhieb denken: das wird eine Tragödie, das ist eine Nymphomanin, eine Lie-bessüchtige. Wir müssen den Dingen zuerst ihren Lauf, besser: ihre Geschichte, ihr Narrativ, ihre Erzählung, Dichtung, Lyrik und ihr Gestammel lassen. Das haben wir auch getan. Aber am Schluss sind doch wieder ganz einfache tote Dinge daraus geworden: ein Übermaß an

Tabletten, an Gift, an Zersetzung. Und ihr Frauen-Körper: verwest. Ich sage Frauen-Körper und nicht weiblicher Körper, weil das erstere eine etwas entrücktere Form, eine etwas symbolischere Gestalt betont. Und um die ging es eigentlich.

*Pour Mardi, le 27. octobre 2006*

*Bei allem nötigen Respekt, Euer Hochwohlgeboren, aber Sie sind eine verdammt linke Bazille, Ich bin stinksauer und verdammt wütend, ja, ich würde Sie gerne hassen können. Sie haben mir meine Entscheidung zu gehen, gestohlen und mich auch mißbraucht: Alors, en garde, monsieur! Faites votre jeu! Choisissez les armes! - Mais, non, pas du tout! C'est à rnoi à choisir, parce que c'est moi qui a ete injuriee de vous! Et je vous vaincrerais avec tous les armes normales! Mais je suis fair. Je vous donne une chance! Je choisis la langue comme arme! Peut-etre l'arme la plus mortale!*

*Dazu möchte ich wiederholen: Ich war niemals wirklich Ihre Patientin, Analysandin, allenfalls während der ersten drei vier Gespräche, wie schon gesagt. Ich war nie Kind, Sorgenkind, Schülerin, Lehrerin, Kollegin, Mutter, Freundin, Frau - nein, dies sind alles nur Facetten und viele Facetten bleiben eben im Dunkeln......*

*Nein, ich werde Ihnen sagen, was ich bin: Ich bin Ihr „Pendant", nein, besser noch, ich bin Ihr Spiegelbild! Und wissen Sie was? Sie brauchen mich als eben dieses Spiegelbild, um sich wieder zu erkennen und Ihre eigene „Treibmine" kontrollieren zu können.*

*Manchmal frage ich mich, wie ich bei all dem mit Ihnen und durch Sie Erlebten, immer noch ein so reines, unschuldiges, friedliches, idyllisches Bild vor mir sehe. Ein Bild, das mir, trotz all seiner für mich wirklich schon phy-*

*sischen Schmerzhaftigkeit, so manchmal Halt, Zuflucht gewährt hat, Soll ich Ihnen dieses Bild beschreiben? - Da ist ein großes, helles, prasselndes Kaminfeuer - davor eine Couch oder ein Sofa. Wir sitzen darauf- nebeneinander. Sie haben den Arm um mich gelegt, halten meine Hand und streicheln sie ab und zu, mein Kopf lehnt an Ihrer Schulter, ab und zu streichle ich Ihr Haar, zuweilen reden wir, zuweilen schweigen wir und lesen die Bilder in den Flammen, manchmal sehen wir uns nur in die Augen - ein Bild vollkommener Harmonie, vollkommenen Einklangs. Ruhe, Frieden, Schutz, Geborgenheit, unendliche Vertrautheit, nichts „Böses" kann von außen in diesen „Hort des Friedens" eindringen...........wie sagte ich einmal, ich glaube, es war in „Scorpio's Eyes: „Two souls are intertwined" - heute würde ich es ergänzen: „Two lonely souls are intertwined!" - Dieses Bild lebt noch in mir, doch ich weiß, dass ich bald ein anderes „empfangen" werde, ein „höllisches"..........aber die Liebe ist ein Urrecht ..... J.N..*

Ja, es ist richtig, wir haben uns beide als Spiegelbilder gebraucht. Aber was ist daran so falsch? Wenn man sich im anderen spiegelt und gleichzeitig sich bemüht, diese Spiegelungen zu zerlegen, zu analysieren um sie anders herum wieder zusammenzusetzen, nämlich so, wie sie lesbar und lebbar sind, kann das doch nur gut sein. Anders herum, das heißt nach Maßgabe dessen, was in einer Beziehung reich, wichtig, abenteuerlich, problematisch und bedeutend ist und nicht nur blinde Spiegelung. Aber mit dieser Spiegelung, mit diesem Pendant-Sein, fängt es an: man erkennt sich, man ist sich in bestimmten Punkten gleich. Man hat sich erkannt als wenn man vorher zusammen in die Hölle geschaut hat, wo nichts mehr voreinander zu verbergen ist. Keine Niedrigkeit, keine Perversion, keine Gemeinheit, alles hat man schon gesehen und weiß, dass es auch der andere gesehen hat. Die höllischen Lüste, das dreckige Lachen, die niedrigen Gedanken. Nicht, dass man das alles erlebt haben muss, aber man kann es sich von sich und vom anderen vorstellen. Deswegen ist man wie austauschbar, wie ein Pendant des anderen. Deswegen ist es egal, ob man sich jetzt verbal im Schlamm suhlt oder über hochtrabende Dinge redet. „Sie haben recht, es ist ein „höllisches" Bild," konnte ich sagen, „aber das allein genügt nicht. Selbst das höllischste Bild muss man interpretieren, denn sonst kommt man natürlich darin um. Man muss „höllisch" reden lernen, das ist es, oder?"

Deswegen ist die Liebe ein Urrecht und die Liebes-These im gleichen Moment ihre eigene höllische Antithese. Als die Vormenschentiere zu Frühmenschen erwacht sind, müssen sie für einen Augenblick diese Liebe gesehen haben, „gespürt", erfahren, total gewusst haben. Diese Liebe, von der es dann in der Bibel hieß, sie sei Erkenntnis, totales Durchschauen. Die Liebe als Erkenntniskategorie,[56] bezüglich der auch Lacan sagt, dass man bestimmte Dinge nur beweisen kann, indem man liebt. Die Wissenschaft mag vieles erkennen, aber dieses Urrecht kann nur in diesem Moment Empirie werden, wo der Mensch zu sich erwacht. Doch im nächsten Augenblick schon waren

---

[56] Appleton, T., Warum verschwanden die Neandertaler? Heyne (1999) S. 30, worin der Autor erklärt, dass man niemals wissen wird, wer die Neandertaler wirklich waren, es sei denn, man liebt sie.

die Menschen in sich verstrickt, verwickelt in Eifersucht, Sex, Zorn und Gier. Wir müssen die Synthese finden, durch die dieser unsinnige Kampf von Liebesthese und antithetischer Eigensucht überwunden wird. Wir müssen die wirkliche Liebe finden, erfinden, kreativ.

Nochmals zum Bild: selbstverständlich galt auch für mich, dass ich mich darin zu erkennen habe, das heißt jetzt vielleicht nicht mehr so sehr als mein Ich, sondern als die gemeinsame Wahrheit, als das, was als „Höllisches" aber eben auch als Wahres von uns zu erfassen und zu leben ist. Für mich geht es um das große wichtige Leben, um die Wahrheit, die Wissenschaft, das Ziel, die Erkenntnis und die Liebe jenseits der blinden Übertragung. Warum sollten es nicht two lonely souls intertwined sein? „In Ihrem Bild sind nur zwei kleine Fehler", sagte ich: „das Bild ist nicht nur friedlich und es ist auch noch nicht zu Ende gemalt. Es ist nicht nur friedlich, weil es nicht stimmt, denn ich habe nie den Arm um Sie gelegt, auch wenn das vielleicht manche Analytiker (sogenannte Körpertherapeuten) als rein therapeutische Stütze getan hätten. Aber Sie hätten es als den Anfang der Verschmelzung von Sirius A und B verstanden, wo diese doch erst am Ende aller Zeiten verschmelzen werden, und insofern wäre es falsch gewesen. Und dann: Sie haben so oft von Sex geredet und jetzt ist es auf einmal das Bild einer platonischen absolut harmonischen und stillen Freundschaft?! Da stimmt doch etwas nicht! Deswegen ist das Bild auch nicht fertig. Es fehlen noch die missing links, wie es überhaupt in diesem Traumbild zu einer körperlichen Berührung gekommen ist und wie es dann weitergeht . . ," denn in der Realität saßen wir uns doch fast unkörperlich nah, „körperhaft" vermittelnd, verbindlich-unverbunden gegenüber. Auch Träume lügen manchmal.

*Mercredi, le 15 novembre 2006 - vers 3.50 h*

*Bon matin, Iskoodah, bien dormi? Mais bien sur! - Moi, je n 'ai pas bien dormi, comme vous pouvez vous imaginer....*

*Brigitte (die ja wieder dreieinhalb Wochen krank war) will, dass sie im Leben und in der Welt „Sicherheit" erhält. Ich habe ihr erklärt, dass dieser Anspruch absolut illusorisch ist, und auch warum. Es waren lange Gespräche und sie meinte, dass sie bei mir mehr begriffen hätte, als während ihres dreimonatigen Aufenthaltes in der Klinik in Sarbach, und sie würde mich noch weiter brauchen (und das nachdem ich vor Kurzem noch wütend auf sie war, weil sie mit ihrem Sicherheitsbedürfnis bei ihrer Rückkehr das Büro total durcheinander gebracht hat). Dann Hanna, sie kam zu mir, weil sie deprimiert war, weil sie nicht weiß, ob der Weg, den sie geht für sie in Ordnung ist, und weil sie mit ihrer Diplomarbeit nicht vorankommt. Ich habe in ihr Horoskop geschaut - natürlich gratis - und ihre Situation begriffen, ihr diese dann auch erklärt. Sie meinte: „Ja, dann denke ich nochmal drüber nach, eigentlich stehen mir ja alle Wege offen " .(das Mädel ist 26!) - Ich darauf: "Wenn ich in meinem gesetzten Alter noch für alles offen bin, dann du erst recht!" Ich habe mich fast geschämt, so gelogen zu haben. Jedenfalls war sie sichtlich erleichtert. Als ich in den letzten Tagen, wie beschrieben, so reizbar und teilweise auch ungerecht war, hat man mich angesehen wie ein seltsames Insekt, aber letztlich sind alle immer zu mir gekommen, mit ihren Problemen (Chef, Arbeit, Versagensängste und dergl.) Ich habe mich im Moment auch wieder soweit eingekriegt, dass wenigstens die anderen nicht unter meiner Situation leiden. Ich vermisse Sie und Ihre Hilfe! ich weiß nicht, wie lange ich es noch durchhalte!*

*Vendredi le 18 novembre 2006 – 23.47 h*

*Encore une fois - Cher Ishkoodah (irokesisch: Stern-schnuppe, Komet, Feuer, Irrlicht).*

*Ich habe versucht, wie schon erwähnt, Sie mir gleichgül-tig zu machen, ja, Sie zu hassen (obwohl das Gefühl „Hass" so gar nicht zu mir passt. Wahrscheinlich gelingt es mir deshalb auch nicht...) Nein, es bleibt mir nichts anderes übrig, als Sie zu lieben. Ich liebe Ihre Intelligenz, Ihre Bildung, die Art und Weise, wie Sie mit Patienten, aber auch mit Ihren Mitarbeitern umgehen, Ihren Humor, Ihre Güte, Ihre Erfahrung, Ihr Selbstbewusstsein, aber auch eben die dunklen Facetten Ihrer Persönlichkeit, die hinter Ihrer totalen Selbstbeherrschung verborgen sind, oberflächlich nicht sichtbar, zuweilen nur zu merken am Ausdruck Ihrer Augen oder am Klang Ihrer Stimme. Dann kann man auch erkennen, wann Sie wirklich wütend sind, es schmerzt umso mehr. Für uns beide wird es kein „Kythera" geben....*

*Mein ganzes, mehr als bewegtes Leben, meine mehr als vielfältigen Erfahrungen haben mich dennoch nicht auf Sie vorbereiten können. Ich habe Ihnen nichts entgegen-zusetzen, Ihnen gegenüber fühle ich mich nur schwach und hilflos (trotz meiner oftmals kriegerischen Attitü-den!).Wie könnte ich wohl so weiterleben?*

*Deshalb bin ich ganz froh, dass ich eine neue Vision, ein neues Bild empfangen habe, nachdem ich darum gebe-ten hatte: „Ich ziehe (in guter, alter Excalibur-Manier) ei-nen Bi-Händer aus einem Felsen und schlage einem mich bedrohenden, gesichtslosen Menschen (keine Ah-nung ob $d^1$ oder 9) den Kopf ab, um anschließend mit Wonne meine Hände in dessen Blut zu baden, wobei ich* *eine tiefe Befriedigung empfinde." - Schrecklich, nicht? Ich, für mein Teil, deute es so: Ich schlage **mir selbst** den Kopf ab, denn obwohl Sie physisch niemals in mich eindringen werden, sitzen Sie doch zu tief in mir und ich kann Sie nur eliminieren, indem ich mich selbst eliminiere. In diesem Zusammenhang fällt mir dann wieder ein Song von der irischen Band U2 ein (ich hatte ihn schon einmal erwähnt): „I can't live with or without you...." - Lei, mi manca da morire......*

*Ich denke, nach diesen Ausführungen werden Sie begreifen, dass ich gehen muss.......obwohl ich Sie so gerne wiedersehen würde........ ich bin nur noch verzweifelt!*

*Ihre Wa-sha-quon-asin (irokesisch: Vogel-der-nachts-wandert -> Eule...)*

Ich habe – wie ich schon erwähnte - Jocelyne N. in der Übertragung gedeutet, was ich vom Psychoanalytiker D. Mann zitiert habe: "Sie halten die Regeln des Aktes nicht ein, von dem Sie doch selber so schwärmen, warum wollen Sie vor mir zum Höhepunkt kommen und gehen"?' Ich hatte mehrmals – wie D. Mann schrieb – "den sexuellen Akt in der Sitzung spiegelnd symbolisiert," so zum Beispiel, dass ihr Stöhnen über ihre Schmerzen und über meine Deutungen doch auch nichts anderes ist als eine verschobene Erotik, an der sie mich teilhaben lassen will, weil sie sich nicht auf das einlässt, was in einer intimen Beziehung wirklich gesagt wird. Ich habe auch auf die Nähe des Todes angespielt, der in der Liebe manchmal irgendeine „Wonne suggeriert, eines Todes jedoch, den wir uns nicht selbst auferlegen können."[57] Denn eine Gegenseitigkeit, die stets vom Tod konterkariert wird, lässt ja gar nicht zu, dass sich eine intime Gemeinsamkeit entfaltet. All dies hat aber letztlich auf Jocelyne N. keinen entscheidenden Einfluss gehabt. Logik allein war nicht überzeugend.

Es hätte wohl noch eine weitere Verschärfung von Übertragungsdeutungen geben sollen, so wie sie beispielsweise der Psychoanalytiker G. Hansbury beschrieben hat, und Jocelyne N. hat ja Schärfe und Provokationen stets gut vertragen. Er postulierte, dass der innere seelische Raum – ganz analog übrigens zu den Feststellungen der Psychoanalytikerin Judith Le Soldat[58] – gegengeschlechtlich besetzt ist, also eine weibliche Art von Geschlechtlichkeit in ihrem „inneren seelischen Raum" besitzen, genau den Raum also, den ich oft in meinem Schreiben zitierte. Auch Jocelyne N. hat ja behauptet, dass dieser Raum in ihrem Weiblichen auch mit männlich Sexuellem ausgestattet ist, was sie jedoch viel zu mechanisch männlich versteht. Doch all dies hatte ich zu dieser Zeit selbst noch nicht so klar und definitiv wahrgenommen und es daher nicht so in die Therapie eingebracht. Ich werde später noch Einiges dazu schreiben.

---

[57] Lacan, J., Die Übertragung, Seminar VIII, Sitzung vom 15. 5. 61, Übersetzung G. Schmitz.
[58] Le Soldat, J., Eine Theorie menschlichen Unglücks, Trieb, Schuld, Phantasie, Fischer Sozialwissenschaft (1994)

## 4. „Metaerotik"?

Jocelyne N. hat sich auch selbst gelegentlich die Arme aufgeritzt, was ich bei einer 47-jährigen Frau eigentlich besonders erstaunlich und schrecklich finde. Die Sechzehnjährigen machen das. Sie wollen sich in der Schmerzlust spüren, weil der normale Alltag überhaupt nichts mehr hergibt. Sie wollen das Blut spüren, weil sie wissen, dass es um Beziehungen von Blut zu Blut geht. Es geht um das Blut, das einen Liebespakt besiegeln oder eine sexuelle Verwandtschaft beschwören soll. Aber die *Übertragungs*-Gegen*übertragungs*-*Liebe* ist keine Matrix der Blut- oder erotischen Verwandtschaft. Das Blut spielt hier nicht die Rolle einer Zugehörigkeit. Es geht vielmehr um das Blut als Fetisch, als Symbol des Paktes, als Matrix der im Hintergrund spielenden Blutschande, des Blutspiels, an das sich schon Felix Krull erinnerte oder das der mordsliebenden Blutgöttinnen in der Mythologie.

Wir haben darüber gesprochen, und Jocelyne N. sagte, es komme äußerst selten vor, dass sie so etwas mache. Aber es sind alles Zeichen einer extremen Impulsivität, einer Borderline-Neurose, einer Verzweiflung, einer Krankheit. Welches unbewusste Grund-Phantasma[59] steckt hinter

---

[59] Unter dem unbewussten Phantasma versteht Lacan ein „stummes Sprechen", das der Mensch um seine ersten Objektbeziehungen herum konstruiert, und deswegen kann es in der Analyse auch nur durch eine Konstruktion wieder enthüllt und mehr oder weniger korrekt ins Leben des Subjekts sprachlich integriert werden. Es kann also nicht so einfach wie bei

diesem so stark in sich verstrickten Leben? Nach einem Jahr, das bisher vergangen war, sind wir scheinbar keinen Millimeter weitergekommen. Immer wieder sah es so aus, als könnten wir locker und dezidiert miteinander reden, als könnten wir sich gegenseitig schätzende Forscher, Eroberer. Konquistadoren sein, die durch ein aufregendes und schwieriges Miteinander während eines ganzen Jahres doch so viel Vertrauen, Positivität, Klarheit, Wärme, Gefühl, Festigkeit, Fülle und noch tausenderlei mehr gewonnen haben, so dass sie ihren je eigenen Weg gehen können. Doch immer wieder brachen die Beziehungslinien, die wie greifbar zwischen uns gezeichnet waren, unvermittelt wieder ab. Und immer wieder habe ich gedacht, den sozialpsychiatrischen Dienst oder Ähnliches einzuschalten, um ein reales Element der Stabilität zwischen uns zu setzen. Aber ich habe es immer wieder zugunsten einer echten therapeutischen Beziehung verworfen

Aber Jocelyne N. war natürlich auch eine stete Provokation hinsichtlich der üblichen psychoanalytischen Deutungsarbeit. In einigen Fallgeschichten berichten Therapeuten,[60, 61] wie sie erotische und sexuelle Gefühle in der *Gegenübertragung* erleben und diese „aushalten" oder

---

den klassischen Neurosen durch Erinnerung ins Bewusstsein gehoben werden.

[60] Rosiello, F., Deepening Intimacy in Psychotherapy, J. Aronson (2005)

[61] Petrucelli, J., Longing, Psychoanalytic Musings on Desire, Karnak (2006)

simpel durchstehen, was dieser kunstvoll verklemmten *fin`amour* wohl sehr nahe kommt. Aber dieses Problem hatte ich nicht. Ich hatte keine solchen Empfindungen und konnte selbst im Phantasieren keine solchen in mir wachrufen. Solche Lust-Anti-Lust-Spiele haben wenig Sinn. Wie also kommuniziert man „Es", das Wissen vom Unbewussten, das Wissen des Subjekts, das Wissen überhaupt? „Lacan sagt, dass eine gute Sexualtechnik nur eine primitive Wissenschaft ist", dozierte ich dummerweise einmal. „Man kann dadurch sicher eine Art Klarheit erwerben, aber eben nur eine primitive.

Was wir brauchen, wäre eine elaborierte. Es nützt nichts, dass man „Es" austauscht, man muss es einkreisen, sichtbar machen und benennen". Dieses „Anders-herumdrehen", indem eine derartig offene, einkreisende Gesprächssituation ja schon viel mehr Direktheit, „Es-heit", „Dasheit",[62] Signifikanz, psycho-physische Ganzheit und Echtheit enthält, konnte ich ihr trotzdem nie so richtig vermitteln, obwohl ich immer wieder Übertragungsdeutungen einbrachte, in der ich mich als eine der konflikthaft besetzten Personen ihrer Vergangenheit oder aus derzeitigen anderen Beziehungen auffassen konnte..

*Vendredi, le 1 Decembre 2006 - vers 3.30 h Bon matin,*

---

[62] Der Psychoanalytiker N. Symington spricht hier tatsächlich von der „Thathood", der „Dasheit" als einem unbewussten Gemeinsinn. Auch der Philosoph D. Heller-Roazen nennt das gegenseitige „Spüren" den „Inner Touch", den inneren Sinn, der ein ursprünglichtes, zwischenmenschliches Erfahren meint.

*cher Ishkoodah -j'ai fini à dormir comme les derniers jours, mais ça ne fait rien, parce que j'ai le temps, maintenant, à ecrire une autre lettre......*

*Ja, wie Sie sehen können, bewirken die Medikamente von Dr. M.* (einem Arzt der mir angegliederten Praxis) *nicht gerade viel. Ich schlief gegen 23.00 Uhr ein, ungefähr, und war um 2.45 Uhr wieder hellwach. Ich habe ein wenig gelesen, ein wenig mit meinen Viechern geschmust, aber der Schlaf kam nicht zurück. Irgendwie scheint sich mein Körper gegen diese Medikamente -u wehren. Heute werde ich bei Döbereiners anrufen, um mir einen „homöopathischen Laufzettel" schicken zu lassen (was das ist, erkläre ich Ihnen beim nächsten Mal - ich habe nur festgestellt, dass außer Nux-v, im Moment auch Phos. ein wichtiges Mittel für mich ist, und andere auch. Die Mittel müsste ich alle zu Hause haben, aber die Dosierung überlasse ich erst einmal Herrn Döbereiner).*

*Was meine Schlafschwierigkeiten anbelangt, weiß ich, dass es nur ein einziges Mittel gibt, das mir einen tiefen und erholsamen Schlaf bescheren könnte, aber dieses Mittel gibt es nicht auf Rezept. Sie wissen sicher wovon ich rede, stimmt 's? Mir fällt auf, wenn ich hier so sitze und schreibe, fühle ich mich Ihnen - trotz Technologie - unheimlich nah.,.Letzten Dienstag, 26. 11. 2006, sagten Sie, Sie würden „hören ", wie ich mit mir kämpfe! So ganz unrecht hatten Sie damit nicht. Ja, ich habe gekämpft, ich habe versucht, mich zu wehren, gegen meine Gefühle, mein Ver...., ich habe gekämpft gegen die Anziehungskraft, die Sie auf mich ausüben, gegen das Knistern, gegen das beredte Schweigen, und ich denke, ich brauche Ihnen nicht zu sagen, wie dieser Kampf ausgegangen ist. Außerdem glaube ich Ihnen Ihre „ väterlichen " Gefühle nicht. Das wäre absolut unlogisch. Bei Gelegenheit sage ich Ihnen gerne, warum „ unlogisch "! Bei unserem Ge-*

*spräch hatten Sie diesmal eine ganz neue Stimme, so habe ich Sie noch nie gehört, so sanft und zart, weich. Mir ist, als hätte ich Sie viel besser verstanden als sonst. Aber wie war das mit der Stimme? War es:*

*a) Strategie - „Leitfaden ": $ 794y -(\. • - 7I)*[3]

*b) reine Erschöpfung*

*c) oder.....?*          *(Zutreffendes bitte ankreuzen!)*

Sicher war es nicht immer die gleiche Stimme. Es ist mit der Stimme wie mit dem Blick, der in der Psychoanalyse ausgespart bleibt, obwohl die Patienten sich oft umdrehen und ihren Therapeuten ansehen und er selbst ja auch stets seine Patienten im Blick hat. Meine Behandlung von Jocelyne N. fand allerdings im Sitzen statt, so dass gelegentliche Blicke möglich waren, deren Gehalt zwischen uns ebenfalls zu Kontroversen führte. Und so kann man auch die Stimme einsetzen, um zu betonen, zu versöhnen, zu evozieren, zu besänftigen und vieles mehr. Und auch hier ist es wieder das gleiche: in der herkömmlichen Analyse muss man – so wiederum Lacan – „mit der Stimme von Niemand, ja der eines Toten reden". Denn es soll ja nichts Persönliches, Privates hineininterpretiert sein, nichts Unneutrales. Aber in einem Fall wie dem von Jocelyne N. wäre dies nicht durchzuhalten gewesen. Sie hätte sich gleich gesagt: „wenn er wie ein Toter zu mir spricht, dann muss ich ihm eben auch als Tote antworten". Und zurecht hätte sie so reagiert. Wenn es beim Blick die Spiegelung ist, die ihn als primären, banalen, unmittelbaren Reflex kennzeichnet, dann ist es bei der Stimme das Echo, der rhetorische Widerhall, und das ist in gewisser Weise mit der Stimme eines Toten gemeint.

Diese Echoerlebnisse sind genau so wie die Spiegelungs-
beziehungen typisch für die früheste Kindheit. Das
Kleinkind verfügt noch nicht über einen ausreichenden
Zugang zur symbolischen Ordnung, also zu der Welt und
zu den Regeln, die die Beziehungen zu Mensch und Dingen auf Grund der Tatsache organisieren, dass wir sprechen, dass wir über Bedeutungsregister, über Sinnfragen,
ja überhaupt über so etwas wie Ausdruckssymbole oder
plastische Bedeutungs-Zeichen (Signifikanten) verfügen.
Uns im anderen spiegelnd oder klanglich vertraut wahr-
zunehmen, fragen wir nicht, sondern glauben sofort zu
sehen, zu hören, zu wissen, zu verstehen. In diese Situation tritt man eben in jeder Psychoanalyse grundsätzlich
ein, weshalb Autoren wie D. Mann und F. Rosiello ja
auch von der *Übertragung*sliebe und dem Austausch zwischen Therapeut und Patient als etwas gesprochen haben,
das den sexuellen Akt direkt spiegelnd symbolisiert und
das daher auch so wie ein Echo thematisiert werden sollte.

Oder man sieht die psychoanalytische Situation selber als
etwas, das ebenso direkt die Ur-Szene wieder aktualisiert,
also die erste wahrgenommene sexuell-aggressive Szene
(bei Freud die aus dem elterlichen Schlafzimmer), und
auch dieser Aspekt, diese Bilder und Laute müssen dem
Vergessen entrissen werden und wenigstens annähernd
ebenso symbolisch verarbeitet werden. D. Mann beschreibt, wie eine „hinreichend gute" Urszenenphantasie,
also die Fähigkeit, dieses aggressiv-sexuelle Bild und die

– von T. Morrison erwähnten[63] – Liebeslaute wenigstens in der Phantasie auszuhalten, wenigstens thematisch zu ertragen, als wesentliche Vorrausetzung für Kreativität gelten kann.[64] Die eigenen Eltern so, nämlich in ihrer eigenen direkten Intimität, zu sehen und zu hören möchte eigentlich niemand, aber wer seine Urszene nicht einmal kurz erfassen kann, wehrt etwas ab, verdrängt, verleugnet etwas. Wieder eintauchend in diese Szene, in diesen Akt, diesmal jedoch gehalten von der therapeutischen Beziehung, entwickelt sich eine bindungs- und spannungsliebende Intersubjektivität, ein Gespräch um alles und jedes, um Liebe, Sex und Tod, kurz: das schon erwähnte „kontaktlos Berührbare", das „Mitlieben", bis eine befriedigende Lösung gefunden ist. Auch diese Urszenenerinnerung kann also nur sinnvoll sein, wenn sie umfangreich, feinfühlig und mit fast literarischem Niveau gedeutet und durchgearbeitet wird.

*Vendredi, le 15 decembre 2005 - vers 0.30 h*

*Alors, cher Ishkoodah, maintenant c'est trop tôt à dire bon matin et trop tard à dire bonne nuit! J'ai peur, j'ai grande peur de ce que viendra........*

*1 ) „Mist" im Büro*

*2 ),, Erfinden eines 3. Weges "*

---

[63] Morrison, T., Sehr blaue Augen, Rowohlt (1993) S. 49, die Nobelpreisträgerin beschreibt den elterlichen Liebesverkehr beobachtend als : „Würgende Geräusche und Stille".
[64] Mann, D, Psychotherapie, eine erotische Beziehung, Klett-Cotta (1999)

*Light Echoes....*

*Ich möchte gerne loswerden, welchen Mist ich im Büro in Bezug auf Horst angestellt habe. Also, Teil A kennen Sie schon. Naja, und in der Folge haben Horst und ich begonnen, hemmungslos miteinander zu flirten (keine Ahnung, wer damit angefangen hat). Unbegreiflicherweise hat das einigen Leuten gar nicht so gepasst (J.-M., Hardy, Hanna..) Jedenfalls gab's das nächste Scharmützel am Mittwoch. Ich auch in Zeitdruck, weil Unterricht, hab' alle Stellen mit (!) magentafarbenen Stickern markiert, hab' alles auf Horst's Tisch in seinem Büro gelegt (Hardy und Hanna waren auch da) und wollte eigentlich schon losziehen.*

*Ich hab' noch kurz in die Küche hineingewunken, wo die Herren nach dem Seminar noch diskutierten (wollte aber nicht weiter stören), da kam Horst hinter mir her und fragte: "Hast du die Forms fertig?" - Ich::"Ja, liegen auf deinem Schreibtisch und sind so markiert, dass sogar Wissenschaftler das kapieren können!" - Ich war schon fast weg, da kam er nochmal hinter mir her (Hanna und Hardy waren immer noch in Hörweite), sagte: "Warum du da **grüne** Sticker draufgeklebt hast, kapiere ich jetzt nicht!" - Retourkutsche! Ich hab' schallend gelacht, Horst hat auch gelacht, nur die anderen haben überhaupt nicht begriffen, warum! Die müssen uns echt für ballaballa gehalten haben. –*

*Dann haben Hardy, Horst, Marco und ich noch Musik gemacht. Später wollten alle eine „Margharita" (Cocktail) haben. Horst und ich, wir hatten da so eine interne Wette laufen: Wer kann besser mixen! Armer Kerl, hat 5 Jahre in Santa Monica gelebt und weiß nicht, wie man „Crushed Ice" ohne „Ice Crusher" herstellt. Naja, dann sind wir eben in sein Labor gegangen, wo er im -20° Freezer Eiswürfel deponiert hatte. Als wir dort waren, hat*

*er die Tür hinter sich zugemacht und zu mir gesagt:"*
*Jocelyne, ich hab' ein großes Problem: Ich habe mich in*
*dich verliebt!" - Und ich: "Dann haben wir wohl beide ein*
*großes Problem!" - Aber ich war feige genug, die Sache*
*nicht sofort aufzuklären, so dass er denken musste, dass*
*wir das „gleiche" Problem hatten. Ich habe es einfach*
*nicht fertiggebracht, und ich muss gestehen, meinem*
*„angekratzten" Ego hat das auch sehr geschmeichelt.*

Natürlich ist die Vokabel *Liebe* längst zu abgenutzt und klischeehaft. Es geht um mehr, es geht um das Ding selbst, die Tatsache, das wahre Sein – meine Güte, es ist so schwer zu sagen. Es geht um das Ziel als solches, ums Ende, um das Fertig. L'amourire, dieses *aboutissement dangereux*, war schon ein gutes Wort, vielleicht auch der „Metaerotik", aber man muss noch ein besseres finden . . . .

*16. 12. 2006 Aber um auf unser heutiges (?), nein, gest-*
*riges Gespräch zurückzukommen: Ich habe mich an den*
*verschiedensten „ Feuern " verbrannt, dadurch aber auch*
*begriffen, was „ Katharsis " wirklich bedeutet. Glauben*
*Sie allen Ernstes, dass eine Frau, die in diesen „ Feuern*
*" gleich einem Stück Stahl gehärtet wurde, dass sie nicht*
*beurteilen kann, was Endgültigkeit, Unabänderlichkeit,*
*speziell in Bezug auf die eigenen Gefühle, bedeuten?*
*Gerade Sie müssten das doch als erster begreifen. Ich*
*bin mir sicher, dass es bei Ihnen nicht viel anders ist (das*
*mit den eigenen "Feuern" meine ich)! Und jetzt komme*
*ich noch einmal kurz auf die „ Münchner Rhythmenlehre"*
*zurück.*

*Ich weiß, Sie schließen Schicksal und Bestimmung aus,*
*aber bleiben wir erst einmal bei Ihnen. Leider bin ich ja*
*immer noch auf mein „Profiling" angewiesen, naja, aber*
*Kleinvieh macht auch Mist, will heißen, ich bin mir zu 100*

*% sicher, dass, wenn ich meine Daten mit Ihren „ reellen " Daten abgleichen könnte, dass sich dann Ihre „ Berufung" zur Psychoanalyse bestätigen ließe. Arzt werden kann fast jeder ('tschuldigung, aber es ist so, ohne die Ärzteschaft dadurch diskriminieren zu wollen, ich habe zuweilen allergrößten Respekt vor Medizinern, wenn sie dem Anspruch dieser „Berufung" gerecht werden), den Weg zur Psychoanalyse jedoch zu finden, das ist schon sehr speziell, es war „ Ihre " Bestimmung, „ Ihr " Schicksal!*

*Nun zu mir, ich kenne mein „ Radix " (- Horoskop) in und auswendig, da geht es darum, dass es meine „Bestimmung" ist, zu orientieren, zu vermitteln, „Falsches" aufzudecken, aufzuzeigen, um „ Wahrem " die Tür in die Zeit zu öffnen, und zwar „ stellvertretend" für - im Sinne des „ Geflechts ", des „ Gewebes ", des „ Bestandes " - Ideale, Einsichten, für „ Weite ", für „Bewußtsein" (im Gegensatz zur „Bewußtheit"), aber auch stellvertretend für ,, Bestimmung " selbst. Und das mit einer gehörigen „ Denkaggression " nach außen. Sie können sich bestimmt vorstellen, dass es so ein Mensch in der „ menschlichen " Umwelt nicht sehr leicht hat, weil „ nicht einzuordnen, oft mißverstanden ", (zumindest solange man selbst nicht begriffen hat, warum das so ist). Ich denke, Sie kennen das auch.*

*Um eins bitte ich Sie: Seien Sie mir nicht böse, dass ich Sie so sehr liebe. Ich werde es lernen, die täglichen Qualen, den Schmerz, das Leid, welche diese Liebe in mir verursacht, zu ertragen, weil ich es muss! Aber ich könnte es keinesfalls, niemals ertragen, wenn Sie mir wegen meiner Gefühle für Sie böse wären!!!. . .Da fällt mir noch was ein. Es ist erstaunlich, wie wir über Themen aus früheren Gesprächen plaudern, wie z. B. gestern über das Thema „ Empathie ". Ich empfinde dabei eine un-*

*heimliche Vertrautheit, und ich frage mich schon seit geraumer Zeit, welche Art von Beziehung tatsächlich zwischen uns besteht. Manchmal scheint die Erklärung dafür glasklar, zum Greifen nah, und dann verschwindet alles wieder in Undefinierbarkeit. Was besteht also wirklich zwischen uns? Ich weiß es nicht....Ihre hilflose, Hilfe suchende, ewig suchende Wa-sha -quon –asin.*

Ja, waren wir da nicht doch weitergekommen und zudem auf dem richtigen Weg! Natürlich genügt die übliche Empathie nicht, es muss mehr sein. Mehrmals hat Jocelyne N. davon geredet, dass ihr der Mut fehlt. Mut zu was? Real zuzugreifen? Nein, das konnte sie nicht tun, und das war richtig so. Sie musste ein Minimum an Stolz und Selbstbewusstheit bewahren, auch das war alles richtig.

*Jeudi, le 18. decembre 2006 - vers 23.30 h*

*Cher Ishkoodah!        Comment est-ce que vous pouviez me faire quelque chose comme ca aujourd'hui? Me blesser si fort! Je desirais je pouvrais vous hair! Mais je ne peux pas! Je ne peux que vous aimer, malgré tout ce que vous avez dit pendant cette heure obscure cet apres-midi......Mais je suis très furieuse contre vous!!!!!!!!*

 *Sie streuten wirklich ganz genüsslich Salz in meine eh' schon mehr als offenen Wunden! Das war wirklich schon „sadistisch"! Aber ich muss es an dieser Stelle wiederholen: Ich bin keine Masochistin! Ich würde gerne ein positronisches Gehirn haben (wie der Android „Data" in Star Trek - The Next Generation, oder wie in meinem Traum „Trepanation", als mein positronisches Gehirn neu konfiguriert wurde, bzw. als meine „Emotions-Chips" deaktiviert wurden, keine Emotionen mehr, nur noch logisch denken, wie ein Vulkanier). Ich kann leider meine Gefühle für Sie nicht „deaktivieren"!!! Außerdem habe ich heute mit keinem Wort einen Suizid oder dergleichen angedeutet. Ich hoffte lediglich auf ihr Verständnis für meine finanzielle Situation. Nächste Woche drohen fünf Zwangsvollstreckungen, eine davon mit Erzwingungshaft. Schuldenberatung heißt „Offenbarungseid" (habe ich alles schon mit meinem Mann durchexerziert). Keine Bank der Welt würde mir jemals wieder einen Kredit geben und meine Pläne, selbständig etwas aufzubauen, wären für immer dahin (ich hätte nämlich Pläne, aber egal). Sie selbst waren noch nie in solch einer Situation, vergessen Sie das nicht! Und dann noch Ihre Bemerkung: "Ich bin nicht Ihr Lebenspartner!" - Sehr einfühlsam, wirklich! Aber genau das ist das Problem, obwohl ich mich mit weit weniger zufrieden geben würde, aber das verstehen Sie ja nicht.........*

„Nein, Sie sind keine Masochistin" habe ich gesagt. „Es geht um eine unbewusste masochistische Einstellung. Sie haben mir einmal von Ihrer Phantasie erzählt, wie Sie es genießen würden, unter der Pranke eines Löwen zermalmt zu werden." Und auch andere derartige Geschichten – auch im Zusammenhang mit mir – hatte Jocelyne N. erwähnt. So hätte sie einmal einen körperlichen Schmerz als lustvoll empfunden, den sie in einem Traum mit mir verspürte. Es geht hier nur um eine latente, unbewusste Strebung, die nicht Teil des bewussten, aktuellen, persönlichen Lebens ist. Aber es muss ein Grundphantasma geben, etwas Sadistisches und zugleich Masochistisches. „Etwa, dass Sie misshandelt worden sind. Haben Sie nicht mit der Mutter den Lustgewinn aber auch schmerzhaften Triumph geteilt, der durch die Missachtung des

Vaters Sie beide zu den unbedeutenden Frauen in der Familie gemacht hat"?

„Dieses Phantasma, diese unbewusste Grundphantasie ruht in Jocelyne N. und nicht in Unimatrix Zero? Ist sie nicht diese laszive Furie, eine grausame Göttin, ein schwarzer Fetisch, unter dessen „Fuchtel" wir alle stehen: die Urszene? Die Szene, wo unsere Nächsten genau das tun, was wir alle tun, aber wir ertragen nicht, es in uns selbst zu sehen. Wir sind ihnen zu nahe, wir können in dieser Unmittelbarkeit, in dieser primären Identität mit ihnen, in dieser verschmelzungsnahen Konfrontation nicht auch gleichzeitig etwas Erotisch-gespanntes, etwas Liebevoll-aggressives, kurzum: Inzestuöses erkennen. In solch einem Moment müssen wir eine Sprache haben, die uns wenigstens kurzfristig Distanz verschafft, Luft zum Atmen und zum Kommunizieren, um dann zum vollen Lust-Wort ausholen zu können, flagellantisch." Und tatsächlich, kurz nachdem wir so geredet hatten, hat Jocelyne N. mir die Geschichte dieses schwarzen Fetischs und dieses Geschlagenwordenseins erzählt:

*Gibt es ein erneutes „Zueinanderkommen"? Gibt es eine „Einheit"? Dieses Wort hatten Sie nämlich vollkommen außer acht gelassen! Sie sprachen heute immer nur von „Verschmelzen", aber nicht von der „Einheit", die durch das „Verschmelzen" verschiedener Komponenten entstehen kann!*

*Hier noch eine kleine Geschichte: Es war einmal ein junges Mädchen. Sie war etwas mehr als 11 Jahre alt. An einem strahlend schönen Samstagnachmittag im Januar - am Ende der Schulferien - war sie mit ihren Freunden beim Schlittschuhlaufen auf dem „kleinen See" im Kurfürsten Park. Erst war alles wunderschön, doch dann stritt sie sich über irgendeine Belanglosigkeit so sehr, dass sie ihre Schlittschuhe auszog und davonlief, Richtung Fasanengarten, wo sie sich immer gerne aufhielt, weil es dort so viele Bäume und Pflanzen gab. Jetzt im Winter war zwar alles verschneit, aber sie liebte es, den Weg zu verlassen, und zwischen den winterstarren Bäumen zu suchen.*

*Was, wußte sie nie genau, aber sie hatte immer etwas gefunden. So auch diesmal. Zwischen den Bäumen leuchteten rote Blüten, wenige zwar, aber das Mädchen wußte sofort, was das war - Seidelbast! Ein Winterblüher. Fasziniert vertiefte sie sich in dieses Wunder, so spürte sie nicht, wie ein Mann sich von hinten an sie heranschlich. Es ging alles sehr schnell Er hielt ihr mit der Hand den Mund zu und sagte nur :"Sei still, sonst setzt's was!" weil das Mädchen sich so heftig wehrte.*

*Ja es passierte dann auch etwas: Er warf sie zu Boden, setzte sich auf sie und riß ihr die Hose auf. Das Mädchen war gefangen in seiner Umklammerung. Dann öffnete er seine Hose und das Mädchen sah zum ersten Mal in seinem Leben einen erigierten Penis, aber sie wußte schon genau, was das bedeutete. Der Mann hielt dem Mädchen immer noch den Mund zu, trotzdem wehrte sie sich immer heftiger. Als er schon fast ganz in sie eingedrungen war, bekam sie seine Hand zwischen die Zähne und biß so heftig, dass sie sein Blut im Mund schmeckte. Er schrie laut auf und ließ das Mädchen los. Sie sprang auf, denn sie hatte zwar Angst, war seltsamerweise auch wütend. Diese Wut half ihr, ihre zerrissene Hose hochzuziehen, so gut es eben ging, die Schlittschuhe zu packen und sie in einem Reflex dem Mann im wahrsten Sinne des Wortes „um die Ohren" zu hauen. Dann lief sie, wie vom Teufel gejagt, schnurstracks nach Hause. Dort war Gottseidank niemand, die Eltern waren bei Verwandten, die Brüder waren anderweitig unterwegs, so konnte sie ihre ebenfalls zerrissene, geliebte rote Strumpfhose und ihre Unterwäsche in einen Plastikbeutel stecken und in die Mülltonne werfen. Für die zerrissene Hose hatte sie schon eine Erklärung: Bäume klettern! Wäre ja nicht das erste Mal.*

*Sie tat das alles mechanisch, ohne Emotion. Sie wollte das alles nur „wegtun". Dann sperrte sie sich im Badezimmer ein und wusch sich, so gut es eben ging. Sie wollte fertig werden. Dabei kamen ihr die ersten Tränen. Schnell zog sie ihren Schlafanzug an und kroch in ihr Bett, das sie an diesem Tag als Zuflucht suchte. Dort weinte sie schrecklich, aber über dem Weinen schlief sie ein. Sie hatte keine Tränen mehr. Sie war nur noch erschöpft. Als die Eltern nach Hause kamen und ihre schlafende Tochter fanden, weckten sie sie auf und fragten, *warum* sie denn schon im Bett lag. Die Tochter antwortete nur: „Ich habe mich mit den anderen gestritten!" und zog die Bettdecke wieder über den Kopf. Die Eltern erfuhren nie etwas davon, auch sonst niemand, nur einmal, in späteren Jahren eine Psychologin, die aber nicht weiter darauf eingegangen war, da sie meinte, das Mädchen von damals hätte dieses Ereignis ja gut „verarbeitet". Ja, und jetzt wissen Sie es auch! Aber ich weiß beim besten Willen nicht, warum ich Ihnen das gerade heute erzähle.*

Jocelyne N. erzählte es mir deswegen, weil sie manche Stunde mit mir scheinbar ebenso belastend wieder erlebte wie diese damalige Vergewaltigungsszene. Auch dies war die Urszene, die Szene einer unverarbeiteten sexuellen Aggressivität, und jetzt war sie mit mir wieder in diese eingetreten, aber diesmal unter anderen Aspekten. Obwohl oder gerade weil von mir keine sexuelle Aggressivität ausging, aber andererseits auch zwischen uns sich scheinbar alles um diesen Missbrauch und um das Wesen von Liebe und Macht drehte, musste und konnte sie mir dieses von ihr mit elf Jahren Erlebte berichten. Denn gerade in umgekehrter Version des erotischen Beziehungsaktes habe ich ihr erneut versucht zu vermitteln, dass es der Signifikant, das Logo von väterlich-mütterlicher Bindungs- und Spannungsliebe ist, das letztlich dahintersteht.

„Es kann für Sie auch die Dominanz der Mutter missbräuchlich gewirkt haben, und so ist es die gleiche blutrote Fuchtel, der schwarze Fetisch, der zugeschlagen hat und wieder zuschlägt. Ja, das Unbewusste ist überhaupt nichts anderes, als all das, was uns eben auf diesem Feld von Liebe und Macht ständig irgendwie schlägt oder trifft. Das Unbewusste Freuds ist sadomasochistisch. In Jocelyne N.s so extremen Liebe traf es sie, schlug es sie selbst. Der eigentliche Vater, der symbolische, große, universale, hat gefehlt. Umgekehrt und retrospektiv könnte man sich fragen, wie man Jocelyne N. allein durch einen so großen einsamen Park gehen lassen konnte?

Denn wieder haben alle versagt, die Eltern, die älteren Brüder, irgendwer hätte sie doch nach Hause bringen können. Man hätte doch vereinbaren können, dass eine Freundin sie begleitet und was sonst auch noch mehr. Über all diese Dinge war nie geredet worden. Die Sache hätte sehr schlecht ausgehen können. So riss die Urszenen-Wunde, in der Aggressivität und Sexualität eng verbunden sind, wieder auf und jetzt musste ich sie zumindest wieder in das Gespräch einbringen, sichtbar machen und zeigen, dass sie nur langsam heilen kann und dass das Zeit kostet. Aber die Zeit hat man (Unimatrix Z?) uns nicht gelassen. Zeit, all dies in jeder Hinsicht, jede Nuance berücksichtigend, durchzuarbeiten.

*9. 1. 2007, Lieber Herr Dr. Hu, mein Leben hat gestern definitiv geendet. Ich war noch nie in meinem Leben so verzweifelt, und ich werde es nie mehr sein. Dafür werde ich sorgen. Ich habe mich fest dazu entschlossen meinem Leben ein Ende zu machen. Ihre heutige E-Mail bestärkt mich nur noch in diesem Entschluss. Sie haben wirklich ein seltenes Talent, mit Worten in offenen Wunden herumzustochern. Wenn Sie sagen, wir können nicht miteinander, ist das falsch. Das sagt mir auch ganz deutlich, dass Sie mich aufgegeben haben, weil Sie mich nur als Patientin sehen, und nicht als Frau, ob faszinierend oder nicht. Das tut nichts mehr zur Sache.*

*Ich sagte Ihnen, ich kann ohne Sie nicht leben. Das ist endgültig! Alles andere kennen Sie. Aber seien Sie dann wenigstens so fair, mir zu sagen, dass Sie mich aufgeben, wenigstens das kann ich von Ihnen erwarten, wenn schon sonst nichts. Glauben Sie mir, es ist mir sehr, sehr ernst.   Ihre J. N.*

Ja, es war keine gute Stunde gewesen. Irgendwie musste ich doch von Zeit zu Zeit spürbar machen, dass, wenn Jocelyne N. auch nicht krank genannt werden soll, sie doch auch nicht ganz gesund ist. Und dass ich selbst ein Suchender bin, ein Arzt, einer, der einen bestimmten Weg mit ihr geht, ein Begleiter, nur nicht der in unserer Beziehung avisierte „Mann". Und ich habe sie als Frau gesehen – ich betone es erneut, als was sonst? Als eine Frau, die die Koordinaten des Frau-Seins bis an Äußerste getrieben hat und jetzt deswegen leiden muss. Sie muss mitleiden für alle anderen Frauen, die aus Angst nur die gesicherten Wege gehen, die banalen, sozial akzeptierten, weiblich bewussten. Aber dafür konnte sie doch auch „mitlieben", auch wenn es wie bei Antigone in einem der Erotomanie nicht unähnlichen Aufgewühltsein gesagt wird. Jocelyne N. hat sich nichts angetan und ich schrieb ihr, dass ich ihre Erpressungen als direkt beschämend und verletzend auffassen müsste, mit denen sie versucht, ihre ungerechtfertigten Argumente noch zu unterstreichen. Bevor sie dazu nicht noch einmal Stellung bezogen hätte, bräuchte sie nächstes Mal gar nicht zu kommen. Es war wieder eines der wenigen Male, wo ich ihr gegenüber einen etwas härteren Ton – auch etwas von meinem „Thymotischen" - anschlagen musste. Und es hat wieder gar nicht so schlecht gewirkt, ihr Ton war einfach zu erpresserisch.

In dieser Zeit hatte ich Jocelyne N. entgegen den klassischen Regeln der psychoanalytischen Abstinenz eine kleine Nebentätigkeit als Übersetzerin vermittelt.[65] Denn obwohl sie ein gutes Einkommen hatte, war ihre finanzielle Lage angespannt, wie ja bereits aus den Briefen hervorging. Sie hatte nämlich bis jetzt, zwei Jahre nach dem Tod ihres Mannes, die zu große Wohnung nicht aufgegeben, hatte Schulden des Mannes übernommen, anstatt

---

[65] Ich habe jedoch schon eingangs erwähnt, dass eine klassische Analyse bei Jocelyne N. gar nicht möglich war und dass ich auch diese Handlung nicht als Abstinenzverletzung betrachtete, sondern als notwendige reale Hilfe, die sie auch annahm. Auch der sogenannte „Wolfsmann" wurde von Freud und der Analytikerin R. Brunswick sogar direkt materiell unterstützt.

sein Erbe auszuschlagen und hatte nichts unternommen aus einem teuren Leasingvertrag für das große Auto, das sie jetzt eigentlich wegen des Führerscheinentzugs gar nicht mehr fahren konnte, herauszukommen (sie fuhr trotzdem fast ein Jahr illegal damit weiter). Sie brauchte die materielle Unterstützung, diese gab uns auch wieder eine Möglichkeit für das Gespräch, wenn dieses sich auch immer schwieriger gestaltete.

*Mercredi, le 13 Janvier 2007 - vers 4.30 h*         *Cher Ishkoodah!*

*Je suis encore furieuse contre vous! Mais qu'est-ce que cela me sert? Rien du tout !! Je suis encore tres, tres triste! Il me semble, que j'ai desappris le rire! Et je ne peux pas vous aimer à une autre façon.....C'est ça c`est' est définitif, jusqu'au jour de ma mort, que viendra bientôt, j 'espère!*

*.....es nützt nichts! Ich bin immer noch wütend und zugleich traurig. Ich habe ja schon vor langer Zeit festgestellt, dass ich nicht mehr ins Leben zurückfinden werde. Ich gebe auf, definitiv! Ich habe keine Lust mehr weiterzukämpfen, gegen Behörden und Gläubiger anzurennen, mir deren stupide Labereien anhören zu müssen, mich weiter erniedrigen zu müssen auch vor Ihnen! Was habe ich schon davon? Gar nichts! Nur Wut und Schmerz, keinerlei Hoffnung, keinerlei Perspektive, keinerlei Erfüllung, keinerlei Wärme, wirklich gar nichts!*

*Ich hatte kürzlich einmal gesagt: „Meine Hypersensibilität nimmt exorbitante Ausmaße an!" Das trifft zu! Im Büro, bei der Familie, bei meinen Schülern, bei meinen Freunden mag das sehr hilfreich sein, weil ich jederzeit ganz genau spüren kann, wie die Stimmung des jeweiligen ist. Im Büro wurde ich schon mehrfach daraufhin angespro-*

chen (Putzfrauen, A. N., Hardy, Hanna, natürlich Horst, Susanne.) Zuletzt Anna am Montag. Ich war noch nicht mal richtig da, hatte gerade eingestempelt, als sie auf mich zugestürmt kam: „ Jocelyne, ich muss mit Dir sprechen, ich brauch' einen „psychologischen " Rat von Dir (es ging um ihre Schwiegermutter) " Sie sagte dann auch: „ Du bist die einzige, die mit allen zurechtkommt, du weißt immer, was die anderen denken. Das kann sonst keiner!" - Und so geht es in einem fort!

Auch bei meiner Mutter und meinen Brüdern geht mir das so (mit meiner Mutter hatte ich ein langes Gespräch, als sie wieder dazu bereit war, mit Fred sowieso, er ist mir auch dankbar, dass ich mich so um Lisa kümmere, und soviel Zeit mit ihm verbringe....) Ist das nicht alles der blanke Hohn? Einerseits die kluge, starke Jocelyne, die für jeden ein offenes Ohr hat und jedem irgendwie helfen kann, auf der anderen Seite die Frau, die liebt, deren Liebe jedoch nicht erwidert wird, die nur noch Ärger hat, die sich aber irgendwie schon auf einer ganz anderen Ebene befindet - zwiegespalten also, typischer Fall für „ Cannabis Indica ". Vielleicht sollte ich mir mal einen kräftigen Schluck „ tintura di madre " gönnen. Mal abwarten, was dann passiert, so wie seinerzeit bei meinem „Belladonna" - Selbstversuch, war recht lustig, wenn man davon absieht, dass ich schon damals beinahe über den Jordan gegangen wäre, aber egal, der richtige Zeitpunkt kommt schon noch......

Apropos Medikamente: Ich habe derzeit nur noch 2 Zyprexa. Ich nehme die zwar höchst ungern (Gewichtszunahme),aber nach den beiden letzten Gesprächen, oder wenn ich Sie länger nicht sehe (wie paradox!), dann gerate ich ziemlich schnell in einen depressiven Zustand, und ich muss sagen, um da nicht gänzlich abzudriften, haben die Biester wenigstens ein klein bißchen geholfen.

*Aber was den Schlaf anbelangt, hat sich nichts geändert.
Trimipramin hilft, wenn rechtzeitig eingenommen, lediglich beim Einschlafen. Spätestens nach drei Stunden bin
ich wieder hellwach. Und dann die Träume...... Es hat
schon seinen guten Grund, dass ich Ihnen bis jetzt nichts
davon erzählt habe.*

Ich habe zu Jocelyne N. nicht gesagt, dass ich es nicht
wirklich glaube, dass sie Sex in allen möglichen Formen
in fast jedem ihrer Träume mit mir hat, wie sie manchmal
behauptete. Ich habe es so stehen lassen. Sie glaubt zwar
mit Sicherheit selbst daran, dass wir diese Höhepunkte
erleben würden, aber ganz in der Tiefe weiß sie, dass dies
alles nicht stimmt. Warum sollte sie diese Uni-Matrix-
Göttin erfunden haben, wenn nicht zu dem Zweck, sich
aus der in ihr völlig widersprüchlich agierenden Affäre
ziehen zu können. Sie begehrt und begehrt nicht, sie liebt
und liebt nicht. Entweder sind diese Träume noch halb-
wache Phantasien oder der Traum spielt auf dem Hintergrund der Urszene, des Liebeslebens der Eltern oder einer
der Brüder, mit dem Jocelyne N. sie in etwas zu naher
Verbindung stand, oder eines phantasierten Liebeslebens
oder gar eines Autoerotismus. Ich habe ihr dies so interpretiert, aber sie war wütend auf diesen *„ewigen Freu-
dianismus".*

*Le 18ième janvier 2007 - vers 3.00 h          Cher
Ishkoodah, ...j'ai si grand peur de ne vous jamais revoir,
surtout après ce mauvais rêve de cette nuit. On dit que
l'amour fait aveugle, mais quelquefois l'amour peut faire
clairvoyant! .. . . . . . .mein Traum von heute Nacht war
wirklich schlimm.*

*Ich fuhr auf der Salzburger Autobahn – Irschenberg (be-
nannt als „Irischer Berg" nachdem der irische Missionar*

*Marinus und sein Dekan als Märtyrer dort starben). Die Landschaft war in ein phantastisches blasses Gold getaucht, Bäume in „deep madder," wie überirdisch. Dann ging es plötzlich nicht mehr weiter – Stau! Weiter vorne hatte sich ein Unfall ereignet. Ein Fahrzeug brannte, das andere noch nicht. Aber ich wußte, dass es Ihr Wagen war. Schwarzer Rauch stieg auf. Ich wollte zu Ihnen, aber ich war von den anderen Autos, aus denen die Leute auf den Unfallort starrten, eingekesselt. Dann hatte ich es irgendwie geschafft, mich auf die Standspur vorzuschlängeln. Dort verließ ich mein Auto und wollte zur Unfallstelle, um zu helfen. Aber wieder wurde ich von gaffenden Menschen aufgehalten.*

*Dann gab es einen Knall und Ihr Wagen ging in einer blauen Stichflamme auf. Ich war hilflos! Danach bin ich aufgewacht, voller Angst. Und ich mußte wieder daran denken, dass Sie gestern im Gespräch irgendwie ernster wirkten als sonst. Und da sind einige Fragen bei mir aufgetaucht:*

*Sie sagten, Sie hätten ein neues Gutachten geschrieben. Aber ich sollte mir keine weiteren Sorgen machen. Wie kann ich das vermeiden, da Sie doch gleichzeitig davon gesprochen hatten, dass dieses Gutachten abgelehnt werden könnte. Wie paßt das zusammen? Ich mache mir deswegen schon Sorgen. So wie Sie gestern sprachen, war da irgendwie etwas Finales in Ihrer Stimme.*

*Je me sens très seul sans vous! Je vous souhaite une bonne journée! Wa-Sha*

Nach den Assoziationen, die Jocelyne N. zu dem oben erwähnten Traum einfielen, bedeutete der Unfall ihre eigene Angst vor ihrem zu schnellen Lebens-Tempo, dem zu hastigen Tempo ihrer Gefühle und Phantasien, und betraf am Rande auch noch ihre eigenen überhöhten Geschwindigkeiten bei Fahrten auf der Autobahn. Es ging in diesem Traum zudem um ihre Sorge bezüglich der Mutter, der gegenüber Jocelyne N. immer Schuldgefühle hatte wegen der vielen Kämpfe, die sie mit ihr in früheren Jahren ausgetragen hatte. Denn bei den Mönchen dachte sie an ihre Mutter, verwarf aber dann wieder diese Assoziation und meinte, man müsse den Traum irokesisch deuten. Und das heißt dann eben, dass unsere Beziehung gefährdet ist, dass sie zu spät kommt, dass das ganze Szenarium im Traum nichts anderes darstellt als unsere misslungenen Versuche, zusammenzukommen.

Für sie ist leider alles Symbolische real, dachte ich mir wieder. Auch andere Therapeuten haben erwähnt, dass in der impulsiven erotischen Übertragung nach einer Phase der Depression (wegen Nicht-Erfüllung) die der Verfolgung und der Angst vor Auslöschung (der Beziehung, des Lebens) kommt.[66] Meine Bemühungen, eine auch nur irgendwie geartete psychoanalytische Interpretation zu geben, wischte sie mit dem „irokesisch" vom Tisch.

Schlagartig nach meiner Deutung vom letzten Mal, hat sie nicht mehr von Sex geträumt, sondern von Aggressivität. Das kommt der Wahrheit doch näher. Diese phantastischen Farben im Traum setze ich mit der „primären Liebe" gleich, jener exzentrischen, exaltierten Liebe und ihrer Antithese. Wie schon mehrmals erwähnt kann dieses erste zusammenphantasierte Bild seine Liebesverheissung, sein Lustversprechen nicht halten und verfällt der

---

[66] Wolfensteim, V. E., Inside / Outside Nietzsche, Psychoanalytical Ex-plorationes, Cornwall Univ. Press (2000)

Urverdrängung, einer Gegenbesetzung, wie Freud dies selbst so nannte. Ja, es ist auch genau deswegen, dass ich ihre Liebe so ernst genommen habe, weil sie uns einen Einblick in diese frühen Stadien der seelischen Entwicklung gegeben hat. Ihre Liebe war wichtig, man müsste sie geradezu wertvoll nennen, wäre sie nicht so mörderisch gewesen. [67] Auf keinen Fall darf man diese Liebe nur pathologisieren, sowie man eben die Klagen der Klageweiber eben nicht hysterisch nennen darf, auch wenn sie so klingen. Die erotomane Liebe ist antizipierte, in einer Art von Hast vorausgegriffene Psychoanalyse.[68] Es ist visionäre, beginnend kreativ erfindende *Liebe*.

*20 janvier au    02 fevrier 2007*                    *Cher Ishkoodah!*

*Je vais noter toutes mes pensées comme un journal, chaque jour. Je souffre plus chaque jour, parce que vous n'etes pas là et vous me manquez plus chaque jour. Je me sens très mal et je suis très, très triste!*

*Naja, lange wird das mein Körper nicht mehr mitmachen, aber das ist mir alles egal. Ich hätte vielleicht auch Anlass, ein wenig stolz zu sein, dass ich meine vielen Bücher endlich aus den Klauen einer bankrott gegangenen Einlagerungsfirma befreien konnte und das über den Umweg „ Kripo ", weil es nicht anders gegangen ist. Ich*

---

[67] Ich erinnere daran, dass noch in der Antike die Urworte wie z. B. sacer (latein. = heilig) auch das Gegenteil bedeuteten (also profan, verflucht)

[68] Auch Freud sagte, dass die Aufzeichnungen des wahnkranken Präsidenten Schreber eine laienhafte Vorausfassung seiner wissenschaftlichen Gedanken waren.

musste Anzeige erstatten. Zu diesem Zweck bin ich mit meinem Auto zum Polizeirevier gefahren - „ die Polizei, dein Freund und Helfer "! Welche Ironie! Aber mittlerweile ist mir das alles egal, meinen „Schein" bekomme ich sowieso nicht mehr wieder! Jetzt sind die Bücherkartons bei meiner Mutter, weil die Bücher nach fast 5 Jahren Kartondasein, teils in der Scheune, teils in dem unklimatisierten Lagerraum erst auslüften müssen und bestimmt 10 % davon unbrauchbar sind, was mir zusätzlich Schmerzen bereitet.

Was werde ich wohl alles wegwerfen müssen? Lieber werfe ich ein paar Schuhe weg als ein einziges Buch. Noch dazu hänge ich wieder in der Luft, weil ich nicht weiß, wie es mit der Wohnung weitergehen soll. Jetzt habe ich noch neue Schüler dazubekommen, ich muss also drei Jobs machen: den nicht mehr klar definierten im Büro, den Unterricht, die Übersetzung,[69] all die anderen Probleme, **Sie** nicht da, der Schmerz meiner unerwiderten Liebe etc.....Sie müssen schon zugeben, was das Leben mir da abverlangt, ist mehr als man verkraften kann. Ich will und kann nicht mehr!!!

In mir sind wieder so viele Tränen, aber ich wage es nicht zu weinen, weil sonst mein mühsam gebasteltes Gleichgewicht gefährdet wäre. Auch habe ich in diesen Tagen wieder mehrmals in mein „ Giftkästchen " geschaut. Es wäre alles so einfach. Wie ich Ihnen bereits erzählte, habe ich schon diverse Abschiedsbriefe an verschiedene Leute geschrieben, auch an Sie. Wenn mir was passiert, wird man sie finden. Ich frage mich immer, was ich getan habe, um so leiden zu müssen. Ich finde keine Antwort!

---

[69] Jocelyne N. hatte zusätzlich eine kleinere Übersetzungstätigkeit begonnen, mit der sie etwas dazuverdienen konnte.

*Es ist mittlerweile 21.45 Uhr. Ich werde mich noch ein wenig mit der Übersetzung beschäftigen. Schlafen kann ich sowieso nicht.*

*Wenn eine Person - wie Sie - permanent und meistens im selben Zusammenhang in einem Traum auftaucht, dann muss es sich doch um die nämliche Person handeln und nicht um irgend etwas oder irgend jemand anderen, n 'est-ce pas? Die Irokesen sagen ungefähr so: "Oranda schickt nur das, was bereits in dir ist und du musst genau hinhören um dessen Bedeutung für dich zu erkennen, denn dann wirst du begreifen!" So weit ist das doch nicht von Ihrer Form der Traumdeutung entfernt, oder? Ich denke nur, dass die irokesischen Schamanen näher am ,, Wahren " dran waren, weil sie sich an „ Echtes ", ,, Einfaches " gehalten und Worte nicht bis ins Unendliche verklausuliert und verwissenschaftlicht haben. Dabei geht, so denke ich zumindest, „Wesen"tliches verloren.*

Ja, aber haben die Irokesen sich da nicht auch verstrickt und in etwas Illusionäres hineingesteigert? Jocelyne N. hat sich doch selbst in ein System hineinmanövriert, in dem der eigentliche Sex die totale Assimilation, das Verschmelzungs-Verschlingen ist. Es ist ein Sex zwischen Virtualität und Realität wie in diesen „luziden", „niederstrukturierten" Träumen,[70] in denen sich eben zeigt, dass im tiefsten Unbewussten sowie so alles „anders herum"

---

[70] Ermann, M., Träume und Träumen, 100 Jahre Traumdeutung (2005), worin der Autor von den üblichen Träumen die sogenannten „niederstrukturierten" abgrenzt. Sie lassen sich nicht mehr in der herkömmlichen Weise deuten, sondern drücken direkt das Urverdrängte aus.

ist und es egal ist, ob man die Realität träumt oder die Realität eigentlich ein Traum ist. Und deswegen muss man sich umbringen?! Jocelyne N.s Situation war tatsächlich äußerst gefährlich

*21.21 Uhr - Nachtrag: Ich bin vor ca. 30 Min. von Arbeit und Unterricht zurückgekommen, habe meine Katzen abgefüttert und sitze jetzt wieder am Rechner. Heute haben alle gesponnen im Büro und auch später: Kennen Sie das Lied von Hildegard Knef -,, Für mich soll's rote Rosen regnen "? — Naja ganz so schlimm war es nicht, aber immerhin. Valentinstag! Von A. N. habe ich 3 rote Rosen bekommen, von Hardy eine Schachtel „ Marc-de-Champagne-Trüffel" und von Horst (und das hat mich am meisten gefreut) einen Zweig „ Zaubernuß " (Hamamelis) mit einem süßen, kleinen Miezekatzen-Kärtchen und einem ebensolchen Spruch. Wie ich immer schon sagte: "Ils sont fous, les savants!" Das hat mir natürlich schon geschmeichelt, aber, naja, Sie wissen schon, was mir lieber wäre..... Danach noch Unterricht bei Jürgen (Kinderchirurg - Usbekistan).*

*Er hat mir auch einen neuen Schüler zugeschanzt, einen jungen Türken, der sein Patient war, der Koordinationsstörungen hat und für den „ Gitarrespielen " quasi eine „ medizinische Indikation " ist. Wir hatten heute die dritte Stunde und der Junge macht das echt gut und ist mit dem Herzen bei der Sache. Solche Herausforderungen liebe ich! Ja, und er war ganz begeistert, als er später Jürgen und mir zuhören durfte. Er war echt begeistert! Und Horst hat mir statt des üblichen Tees ein Glas Sekt kredenzt!*

*Ich weiß wirklich nicht, wie die Jungs auf solche Gedanken kommen. Ich habe denen allen doch nichts getan! Sie sagen, Sie machen sich Sorgen um mich. Ich weiß*

*wirklich nicht, ob ich Ihnen das glauben soll, und warum auch! Horst, ja, der macht sich wirklich Sorgen um mich, weil er begriffen hat, wie ich leide. Er hat mir das heute wieder gesagt. Aber er kann mir eben auch nicht helfen, trotz „Zaubernuß" (ist übrigens auch ein tolles Homöo-Mittel, z. B. Anwendung nach Operationen -> Blutungen!). Ich weiß, ich wiederhole mich, aber ist Ihnen eigentlich bewußt, wie sehr ich Sie vermisse? Wenn ich das alles nicht aufschreiben könnte, wer weiß......?*

*Trotzdem lässt mich der Gedanke nicht los, dass ich bald meinem Mann und meinem Vater folgen werde.....Bevor ich jetzt anfing zu schreiben, war ich wieder total deprimiert. Ich wundere mich immer wieder, wie es sein kann, dass ich Ihnen diese absoluten Gefühle entgegenbringe, seit mehr als einem Jahr nun, und mit stetig steigender Intensität, obwohl ich glaubte, dass das gar nicht mehr möglich ist. Ich fürchte mich wieder vor der heutigen Nacht, vor den Gedanken, die allein Ihnen gelten und die so schmerzen. Wie soll ich Ihnen* **„bonne nuit"** *wünschen? Aber vielleicht hören Sie mich ja.....?*

Ich bin nochmals auf den ‚inneren Raum' zu sprechen gekommen, den „Spielraum" der Psychoanalytiker Geißler und Pfannschmidt, da es dort ja nicht nur darum geht die Raumdimensionen zu sehen, sondern deren Krümmungen, Verschachtelungen, Verirrungen auch zu hören. Schließlich passte diese meine meditative Erfahrung ja durchaus zu den mythischen Phantasien und enigmatischen Märchen, von denen Jocelyne N. so erfüllt war. Ich konnte erneut sagen, dass ich sie in diesem Raum höre, ja gerade eben nur höre und nicht sehen kann. Denn das Sprechen und Hören ist dem symbolischen Raum zuzurechnen, der für die Psychoanalyse und ihren Reifungsbemühungen geradezu bestimmend ist, während das Sehen, die ‚Schau', dem Imaginären, den Phantasmen, dem Sexuellen verbunden ist.

Zudem war es ja so, dass Jocelyne N. gelegentlich doch die von mir selbst ausgeübten und ihr empfohlenen Übungen machte, bei denen dieser ‚innere Raum' eine wichtige Rolle spielte, aber auch das Hören des ‚inneren Lautes', des – wie es der Wissenschaftsredakteurs S. Schramm nannte – „Klang des Nichts", als über Experimente eines Akustik-Technikers berichtete. In dessen absolut schalldichten und auch schallschluckenden Raum konnte man schon nach kurzer Zeit alle möglichen Töne und Laute wahrnehmen, ja direkt hör en.[71] In meinem Verfahren liegt der Sinn darin, aus den ‚Lauten' eine kurze Phrase, Silbe, Satz herauszuhören.

*18.35 Uhr - Nachtrag: Für die Unterrichtsstunde musste ich heute meine letzte Kraft zusammenkratzen. Aber es ging so einigermaßen, ich bin dann gleich nach Hause gefahren (eigentlich wollte ich noch zu meiner Mutter, aber dazu fehlte jede Kraft) und habe mich hingelegt. Das Fieber ist gestiegen - 39.23°C - ich habe bis jetzt 3 Gaben Aconitum C1000 genommen, um das Fieber „ aufzuweichen ". Fieber ist ja nicht das schlechteste, aber in dieser Höhe schwächt es doch sehr. Auch hatte ich starke Kopf- und Gliederschmerzen. Mit Übersetzen ist heute nichts. Ich muss im Bett bleiben, dass ich wenigstens morgen wieder einigermaßen auf die Füße komme, aber nur um zu übersetzen.*

*Computer-Logbuch „Ivory-Tower" - Sternzeit 5. Februar*

---

[71] Schramm, S., Der Klang des Nichts, SZ vom 7. 11. 2016, S. R7

*2007 - 7.3 7 a. m. La nuit passée j'ai vu des Images tres curieuses, peut-etre a cause de la fievre....*

*...durch das Aconit kam ich in eine richtige Fieberkrise - Spitze 40.20°C, als ich das letzte Mal gemessen hatte - aber das wollte ich ja auch. Ich habe im Verlauf der Nacht ca. 3 Liter Wasser getrunken (für Wadenwickel hatte ich keine Kraft mehr) und ließ mich einfach so treiben, es war mir egal, was mit mir passiert. Es war irgendwie auch ein gnadenvoller Zustand. Ich hatte keine Schmerzen mehr, weder psychisch noch physisch. Ich weiß auch nicht, ob und wann ich geschlafen habe. Ich weiß nur, dass immer wieder eigenartige Bilder an mir vorüberzogen.*

*In dieser Bildfolge ging es darum, dass ich für Gina (eine unserer Doktorandinnen) und ihrem Freund Sigi eine Hochzeit organisieren sollte (obwohl die beiden niemals von Heirat gesprochen haben). Jedenfalls hat sich das so hartnäckig in mir festgesetzt, dass ich heute morgen, als das Fieber gesunken war, fest davon überzeugt war, dass ich diese Hochzeit tatsächlich organisieren soll (im Moment sind 's 38.05 °C, aber ich fühle mich ziemlich schlapp und bin noch sehr geräuschempfindlich). Von den anderen Bildern mit Ihnen brauche ich nicht viel zu erzählen, Sie können sich denken, worum es dabei ging. Ach ja, vielleicht eines noch, ein Bild mit Horst: Wir waren in so einer Art Zeltlager, Hardy, Horst und ich hatten ein recht geräumiges Zelt, mit einer Art „ mobile office " und wir diskutierten über das neue Projekt und wie der Finanzplan aufzustellen sei.*

*Auch dieses Gespräch kam mir am Morgen so vor, als hätte es tatsächlich stattgefunden, ganz real! Jetzt bin ich ziemlich wacklig auf den Beinen. Fast vermisse ich diesen Fieber-Zustand, da jetzt wieder die Realität mit all ihren Problemen wie ein Hammer auf mich einschlägt......!?*

*Ich habe wieder Ihre Formel-Worte geübt, bin aber sofort eingeschlafen . . J.N.*

Diese ihre Verknotungen von Realität und Traum machten mir Angst. Und um es gleich vorausgreifend zu sagen: die Gespräche über den ‚inneren seelischen Raum' und die Übungen damit brachten auch nicht den gewünschten Erfolg. Ein ständiges Hineinrutschen in die mehr mystisch-mythischen Räume erwies sich als letztliches Hindernis, um zu psychischer, konstruktiver Realität zu kommen. Jocelyne N. nahm dieses Verfahren nicht ernst, obwohl es bis zum Schluss immer noch eine gewisse Rolle spielte. Direktere, provozierendere, freudianischere Deutungen als Freud selbst, mit denen man den ‚inneren Raum' zu Deutungen nutzen kann und die ich schon bei Hansbury erwähnte, waren mir noch nicht so geläufig.

Wie erwähnt bezeichnet Hansbury diesen Raum als gegengeschlechtlich besetzt, was er in der Arbeit mit Transgender-Personen, vorwiegend „queeren Männern", herausgearbeitet hat und das tatsächlich krass und provozierend klingt. Ich gehe auf Einzelheiten dieser Deutungsmethodik später ein, die ich – wie ebenfalls schon zitiert – aus Veröffentlichungen der Psychoanalytikerin Judith Le Soldat kannte. Le Soldat hatte Freuds Auffassung vom Ödipusmythos als menschlichen Grundkomplex anschaulich kritisiert, indem sie Freuds Initialtraum (der Traum von ‚Irmas Injektion') bis ins Detail auseinandernahm und zerpflückte. Freud, so die Autorin, habe sich mit der Ödipusgeschichte nur eine Ausrede, eine psychische Abwehr verschafft, um sich nicht diesen gewaltsamen sexuellen und sadistischen Regungen stellen zu müssen, die im elementaren Unbewussten hausen. Anschließend hat Le Soldat Freuds Theorie völlig umgedreht und ins Erotisch-Aggressive hin ausgelotet.

Makaber und kurios beschreibt sie, dass nicht der Ödipuskomplex und die Kastrationsangst die zentralen Elemente der Freudschen Therapie sind. Vielmehr steht die zwischen der Mords-Eifersucht gegenüber dem Vater und der Eros-Verliebtheit zur Mutter in der Ödipussage stehende Sphinx im Mittelpunkt.[72] Sie ist ein mit männlicher Sexualität ausgestattete Frau- und Mutterfigur, die zu Beginn des Lebens die noch unreife kindliche Seele in unlösbare Konflikte stürzt. Ihr gegenüber entwickelt das Kind mittels unbewusster Phantasiebildungen libidinös-aggressive Strebungen, die sich gegenseitig blockieren, weil beide Protagonisten die verschiedenen sexuellen Organe gleichzeitig imaginär agieren lassen.

Es kommt unbewusst eine Kastrationslust zustande, das Kind will dieser sphinxhaften Mutter-Frau – alles nach wie vor unbewusst zu verstehen – das Organ ihres perpetuellen Genießens (das ja eben auch wirklich autochthon weiblich ist, aber männlich-phallischen Charakter hat) rauben, doch bedroht es sich bei so viel eigenem Sadismus gleichzeitig mit Bestrafungsangst und Verwirrung. All dies in die Übertragungsdeutungen einzubringen wäre natürlich sehr provozierend gewesen, doch Provozieren-

---

[72] Le Soldat, J., Eine Theorie menschlichen Unglücks, Trieb, Schuld, Phantasie, Fischer Sozialwissenschaft (1994)

des konnte Jocelyne N. ja gut vertragen. Ich habe schon mehrmals geschildert, wie sie auf von mir heftig betonte Deutungen meist mit Akzeptanz und Kooperationswillen reagierte. Aber um überhaupt zu psychoanalytischen Deutungen zu kommen, musste Le Soldat ihren Patienten entsprechende Phantasien entlocken, was ein bisschen manipulativ erscheint.

Denn man musste zum Beispiel männlichen Patienten suggerieren, dass sie sich intensiv selbst die mütterliche Vagina vorgestellt, eingebildet und bis zum Realen hin imaginiert haben, um von der realen Mutter und deren ‚Phallus' penetriert zu werden. Als ich Le Soldats Buch vor vielen Jahren las, fand es theoretisch interessant, aber praktisch und hinsichtlich der Freudschen Logik völlig daneben. Sexistisch-mörderische Impulse bei Jocelyne N. in Anwendung zu bringen kam mir überhaupt nicht in den Sinn. Etwas anderes war es mit der Veröffentlichung von Kestenberg, Limentani und Hansbury, die ich später endgültig beschreiben werde und zeigen will, warum gerade diese Art der Deutungen Jocelyne N. aus ihrer manisch, abgründigen und selbstmörderische Welt vielleicht hätte retten können.

## 5. Eine Psychoanalyse „anders herum"

Doch vorerst schildere ich noch verkürzt den weiteren Verlauf. Auch zu dieser Zeit, im März und April 2007, gab es immer wieder Momente, in denen alles klar schien, alles einfach und logisch: ich konnte noch immer die Gewissheit haben, dass Jocelyne N. sich nichts antat, weil es eben immer wieder konstruktive Momente in den Gesprächen gab. Ihre Lage war zwar die gleiche wie die vor über einem Jahr: Keine gesellschaftliche Perspektive, keine Einsicht in ihre Leidenschaft und offensichtlich auch körperliche Symptome, die ihr zu schaffen machten. Ihre Leberwerte waren sehr schlecht (Blutabnahme im Februar bei Dr. M.). Der CDT-Wert, der den Alkohol-konsum der letzten Wochen anzeigte, lag bei 16, was einem täglichen Konsum von etwa 70 Gramm Alkohol täglich bedeutete. Wegen der Wohnung und den anderen finanziellen Belastungen hatte sie immer noch nichts unternommen. Zudem hatte sie wenig Chance, den Führerschein wiederzubekommen, da sie nichts dafür tat, und sie wusste dies auch. Trotzdem fuhr sie ständig Auto, auch ein Zeichen ihres permanenten Vabanque- Spiels. Zudem glaubte sie mehr und mehr, dass ich mich von ihr entfernte, während ich in meiner Optik weiterhin meine positive *Gegenübertragung* wahrnahm.

Ich vertraute ihr auch deswegen, weil sie sich trotz ständiger geheimnisvoller Ankündigungen ihres Lebensendes nichts antat, und auch sonst nichts auf eine wirkliche Gefahr hinwies. Wenigstens gerade im Moment nicht. Einmal kam sie zu mir mit der Behauptung, sie habe vor einer Stunde etwas eingenommen, wirkte dabei aber nicht verändert, und so zögerte ich das Gespräch hinaus, bis ich mir sicher war, dass sich nichts verschlechterte und sie eben doch nichts genommen haben konnte. Dann kam sie zweimal nur, um mir mitzuteilen, dass sie jetzt gleich wieder gehe, weil es ja doch zu Ende sei und sie keine Kraft mehr habe. Ich ließ sie nicht gleich gehen, wir hatten kein schlechtes Gespräch, und so schrieb sie mir später eine E-Mail und kam das nächste Mal wieder.

Während sich Ingeborg Bachmann, wie erwähnt, selbst als „eine Erotomanin, die nie davon Gebrauch gemacht hat" bezeichnete, hat Jocelyne N. ständig versucht, davon Gebrauch zu machen, und weiß Gott, welches Schicksal es vorerst immer wieder verhindert hat. In ihrem Roman „Malina" lässt Ingeborg Bachmann die ihr autobiographisch sehr ähnelnde Protagonistin an einer Beziehung zu zwei Männern scheitern. „Das „liebende weibliche Ich" hat generell keine Chance für eine sinnenhafte, irdische Erfüllung. . ." schreibt H. Schmitz in ihrem psychologischen Kommentar zu „Malina". „In existenzieller Weise verstehend und begreifend, setzt sie [die Frau in Bachmanns Roman] sich einem mächtigen Geist aus, der sich im Namen der Liebe präsentiert und doch gewaltsam und zerstörerisch ist." Das könnte haargenau auch zu Jocelyne N. passen. Unimatrix Z war dieser mächtige Geist, von dem Jocelyne N. stets redete und glaubte, dass diese Instanz es schlecht mit ihr meine und dagegen habe man keine Chance.

Ingeborg Bachmann „führt vor, wie das Aufgehen im Spiel des weiblichen Ich den Gang einer erzwungenen Selbstauslöschung beschreitet. Das Spiel schließt sie als eine Tote in sich ein und belebt sie nur um seiner selbst willen. Sie ist eine Vorstellung auf dem Schauplatz einer mächtigen Geistesgeschichte, die nicht ihren Geist verkörpert. Sie lebt nur als eine Vorgestellte, die ihr wirkliches Leben hinter sich lassen muss."[73] Es verhält sich exakt so wie in Jocelyne N.s Drama, „das von vornherein auf den Tod angelegt ist". Und zudem noch: auch Jocelyne N. stirbt – wie ich schon sagte - genau so wie Ingeborg Bachmann mit 47 Jahren mehr oder weniger durch die sich selbst zugefügte Zerstörung! Das hätte die astrologisch so versierte Jocelyne N. nur als einem in sich ganz logischen, ja astrologischen, Zusammenhang gedeutet. Alle so extrem Liebenden werden das gleiche Schicksal haben, weil UZ es so will. Das „weibliche Ich" hat keine Chance zu einer wirklichen erfüllten (psycho-physischen) Liebe.

Aber in mir wehrt sich alles gegen derartige Argumente. Es stimmt nicht oder doch nur in Ausnahmefällen, dass die Frauen nur als „schöne Leiche von den Männern geliebt werden können",[74] weil man(n) vor der lebendigen Frau – gerade wenn sie total Frau ist – Angst hat und nicht weiß, wie man ihr genügen kann. Auch die Frauen wissen oft selbst nicht, wie ihnen zu entsprechen wäre. Da gibt es etwas Rätselhaftes, Enigmatisches in ihnen. Aber so unheimlich, so tödlich, so pervers ist das Rätsel nun auch wieder nicht, dass es nicht einen Weg für Jocelyne N. gegeben hätte. Bereits Thomas von Aquin schrieb, dass die Frau das Bild Gottes sei, während es

---

[73] Schmitz, H., Von Sturm- und Geisteswut, U.-Helmer Verlag (1998) S. 29
[74] Bronfen, E., Die schöne Leiche, Goldmann (1992)

dem Mann als Theologen zustünde, als sein akustisches Sprachrohr zu wirken. Nur haben die Theologen in der *Liebe* inzwischen längst versagt. Und die Frauen warten auf ein neues Wort. Sie sollten mehr mitreden. Nicht nur ums Dazugehören geht es, wie die Psychoanalytikerin E. Seifert schrieb,[75] viel wichtiger ist das Mitsprechen, das Mitreden der Frauen, wenn sie schon ein so hochstehendes Bild abgeben.

Der Begriff „primäre Weiblichkeit" wie ich ihn schon zitiert habe, erinnert an ein konkordantes Identifiziertsein,[76, 77] etwas, das sich die Haptologen, die „Berührungswissenschaftler" zu eigen machen und das ich von einem primären, also selbstentstehenden Schaudern, „Rieseln", Prickeln, her kenne, also einem bestimmten, einübbaren „Felt-Sense", dem körpernahen *Sublimieren*, der Katharsis. Diesem Phänomen liegen frühe Erlebnisse mit der Berührung und anderen Primärempfindungen zugrunde, die besänftigend, erregend aber auch erschreckend sein konnten. Jeder kennt so etwas meist gebunden an Erlebnisse mit einer ergreifenden Musik oder einem

---

[75] Seifert, E., Was will das Weib? Quadriga (1987)

[76] Zeul, M., Weibliche Gegenübertragung als Erkenntnisinstrument, Psyche Nr. % (2003) s. 426. Die Autorin beruft sich in diesem Artikel auf H. Racker, der diesbezüglich von einer „konkordanten Identifizierung" spricht, d. h., dass der Analytiker sich ganz dem Patienten entsprechend, eben konkordant, übereinstimmend, erfährt und von da aus sich in seine Erinnerungen und verdrängten Erlebnisse einfühlen kann.

[77] Zeul, M., Zwei Sprachen einer Körperphantasie. Zur Dynamik der *Gegenübertragung*, Psyche 9/10 (1999) S. 1015 - 1041

erschütternden Ereignis. Aber hier geht es um Selbstent-
stehendes, und eben gerade das genügt, um mit dem Patienten eine notwendige Identifizierung herstellen zu können. Manchmal genügt es sogar, sich an diese frühen Erfahrungen von „Gruseln",[78] Schaudern, Kitzel und anderen Ur-Affekten zu erinnern, um so in einer Art Katharsis, Art positiver *Gegenübertragung* zu sein (was ich
eben auch die Innigkeit nenne und wovon andere wiederum als „weibliche *Gegenübertragung*" gesprochen haben), ohne deswegen ein unbewusster Komplize der Gefühle des Patienten zu werden. Dies klar zu sehen und
klar zu stellen war so wichtig in unserer Beziehung, aber
es konnte Jocelyne N.s Süchte nicht grundlegend verän-
dern.

30. 3. 2007 *Leithian (elbisch: Befreiung)*

*. . . von frühester Jugend an war ich auf der Suche, nach
einem, nein,
nach dem Schatz.
Ich habe ihn gesucht auf vielen Reisen, an den verschiedensten Orten, ob hell oder dunkel, ob freundlich
oder grausam, ich hörte nicht auf ihnzu suchen, wie, einst
Parzival den heiligen Gral suchte. Ich wurde des Su-*

---

[78] Ich sage dies, um an die Geschichte „Von dem, der auszog
das Gruseln zu lernen" zu erinnern: die schockierendsten Dinge gruselten ihn nicht, aber als die junge Fischermaid ihm
Grünlinge über den Bauch schüttete, „gruselte" es ihn. Diesem
Phänomen liegen frühe Erlebnisse mit der Berührung durch
den mütterlichen Körper zugrunde, die erregend aber auch erschreckend sein konnten, und in diesem Märchen echt kathar-
tisch geklärt wurden.

*chens immer müder, bis ich schiedlich ‚starb " (im letzten Jahr). Zwei junge Männer brachten mich zurück ins Leben (die Freunde aus der Klinik) — da wurde auch*
*der Drang des Suchens wieder wach, wenn auch für mich nicht wirklich wahrnehmbar, nicht bewusst. Und dann, an jenem Novembertag, da fand ich ihn — den Schatz!*
*Ich wusste, dass er es war. Nur, dieser Schatz war nicht für mich bestimmt. Es war nur meine Aufgabe ihn zu finden.*
*Eine Stimme (ich nenne sie „Elrond`s KLang") sprach zu mir. „Du hast Deine Aufgabe erfüllt. Du hast dem Schatz von Deinen Reisen erzählt. Er wird Deine Erzählungen seinem „Strahlen" hinzufügen, und er wird*
*noch mehr „strahlen ". Du hast sein „Strahlen " durch Deine Lieder, Deine Geschichten in der Welt verbreitet. Deine Lieder werden immer gesungen werden, Deine Geschichten werden an jedem Feuer erzählt werden, Auch Du wirst ein wenig von seinem Glanz mit Dir tragen. Aber Du weißt, was jetzt kommen muss: 'Es ist Zeit für Dich zu gehen! Gehe zu den „Grauen Anfurten " Dort warten die silbergrauen Schiffe auf Dich, um Dich fortzuführen. ...."*
*Si i naur wanatha!I Sidh na pron! " (elbisch: Jetzt wird das Feuer vergehen! Friede sei mit Dir)* Jocelyne N.

Elbisch ist eine fiktive Sprache in der Welt Tolkiens, von dessen Büchern und Filmen („Mittelerde") Jocelyne N. begeistert war. Sie hatte sich sicher eines dieser Wörterbücher beschafft und all der Zusatzschriften, die zu Tolkiens Werken entstanden sind. Jocelyne N. lebte sehr stark in dieser Welt wie viele heute in der Cyber-Welt von „Second life" oder einfach in ihren neurotischen oder starren traditionalistischen Welten leben. Dabei gibt es doch nur eine Welt, die dies-jenseitige, die psycho-semiotische, die Bild-Wort-Welt, in der eben die Worte nach ihrem anschaulichen Inhalt und die Bilder nach ihrem Bedeutungswert gemessen werden. Die inständige, „kontaktlos berührbare", innigliche Welt des „Meta-Sexes". Insgesamt muteten mich diese Texte Jocelyne N.s sehr seltsam an.

Wie Ingeborg Bachmann starb Jocelyne N. aber auch zu-dem an purem Alkohol- und Drogenkonsum und an ihrem zunehmenden Realitätsverlust. Wie bei Ingeborg Bachmann war ihr Körper vielleicht schon zu krank, um seelische Strapazen noch zusätzlich ertragen zu können. Und sie waren beide zu impulsiv, zu manisch, zu liebes-süchtig, obwohl ich gerade denke, dass das letztere keine wirklich negative Eigenschaft ist. Was wäre die Welt oh-ne diese Frauen, die ständig herausschreien, dass die Welt nur zu retten sei, wenn geliebt würde in jeder Form und ohne Unterlass. „Wer viel liebt", sagte Jesus schon anlässlich des Besuchs bei Simon dem Pharisäer in Be-zug auf die Prostituierte, die seine Füße umschmeichelt hat und wahrscheinlich Maria Magdalena war, „dem wird auch viel vergeben". Egal in welcher Weise man liebt, solange es wirklich Frauen-Liebe ist, gibt es Leben und Vitalität, Verstehen und Einsicht. Die modernen, rein universitären Wissenschaften können uns das nicht ge-ben. Aber auch „Spiritualität", Astrologie und andere my-thische Vorgehensweisen scheitern hier.

Trotzdem vertraute ich immer wieder und gerade deswe-gen. Schon in früheren Jahren hatte Jocelyne N. – wie erwähnt – zwei Suizide versucht, einmal hatte sie sich in einem Anfall von Liebeskummer eine spitze Schere in die Brust gestoßen, zum Glück erlitt sie nur einen Pneumothorax (Kollaps eines Lungenflügels), sie hätte auch damals schon tot sein können. Aber auch gegen derartige Argumente als Erklärung für späteres Verhalten wehre ich mich. Sie war eben nicht tot, und vielleicht würde sie auch heute noch leben, wenn wir nicht so dumm gewesen wären aneinander vorbei zu reden.

*Lieber Dr. Hu,*                                    *02. April 2007*

*ich danke Ihnen für diese Ausführungen, aber sie bestätigen nur, was ich schon so lange spüre – es gibt für mich keine Zukunft mehr. Es gibt auch keinen Sonnenschein mehr, da nur Sie dieser „Sonnenschein" hätten sein können. Sie allein hätten vielleicht nachempfinden können, wie es ist, wenn man tagtäglich von frühester Jugend an so „empathisch" ist, dass man immer die Gefühle der anderen „hört" und dadurch immer unsicher ist, wie man sich selbst verhalten soll, da man ja weiß, was der andere in Bezug auf einen selbst empfindet. Auch wenn ich dadurch im Laufe der Jahre oft Vorteile hatte – besonders in meiner Zeit als Musikerin – so haben mich diese „Stimmen" im Laufe der Zeit immer mehr verunsichert. In meiner Ehe hat mir diese „Fähigkeit" anfangs geholfen, mein Mann war einer der vier Menschen, die ich neulich ansprach, denen ich mich einigermaßen mitteilen konnte. Die anderen drei waren: Fritz in Südtirol, Cliff Richard und Jon Anderson, der Sänger der Rockgruppe Yes, ich vergaß noch einen, meinen Mathe-, Physik-, Astronomie-Lehrer Dr. Schätz. Mein Mann kam anfangs mit meinen „Fähigkeiten" ganz gut klar, aber es war eben nie nur die „Stimme" meines Mannes, sondern auch die anderer mir nahe stehender Personen. So ist es auch jetzt der Fall, dass ich meine Brüder, meine Mutter, meine Nichte, mei-*

ne Tante „höre", überhaupt immer, wenn ich mit anderen Leuten zusammen bin, „höre" ich diese. Wenn ich bei meinen Freunden bin, kann ich mich auch nie ungezwungen bewegen, da ich auch deren „Stimmen" immer „höre", ohne dass gesprochen wird. Manche dieser „Stimmen" höre ich auch auf Distanz.

Ich hatte Ihnen auch erzählt, dass ich, mit dem, was ich höre, fast immer Recht habe. Auch hier im Büro ist es der Fall, bei meinen Schülern gleichfalls. Im Büro war es mir schon oft von Nutzen, aber jetzt ertrage ich all diese „Stimmen" nicht mehr. Und da ist, allen voran, „IHRE" Stimme. Dies ist nun ein Teil meines „Eisbergs". Ich weiß nicht, inwieweit Sie sich vorstellen können, wie es ist, wenn man durch die Fußgängerzone geht, und sich so bewegen muss, dass keinerlei Kontakt mit anderen Personen entsteht, weil man gezwungen ist, auch deren Stimmen zu hören, auch wenn man das gar nicht will. Von den Leuten in meiner Clique wurde ich deswegen bewundert oder schief angesehen (je nachdem ob männlich oder weiblich), dass ich anscheinend (unnahbar) durch eine Menschenmenge (sei es Konzert oder Disco) gehen konnte, wie man immer sagte – stolz erhobenen Kopfes – ohne irgendwo anzurempeln. Warum, glauben Sie, habe ich immer die Einsamkeit der Berge, des Meeres, des Waldes etc. gesucht? Hauptsächlich, um all diese „Stimmen" nicht hören zu müssen. Früher hat mir die Musik, das Tanzen geholfen, weil es da eben nur die Stimmen der Musik gab. Während meiner HP-Ausbildung war es auch schwer für mich, weil ich die anderen, die Dozenten auch alle „hören" musste. Ich kann Ihnen gar nicht sagen, wie schwer es da ist, ein „normales" Leben zu führen (was mir sowieso nicht zukommt). Bei Döbereiner war es wenigstens so, dass ich die blanke Sachlichkeit eines Horoskops vor Augen hatte. Aber auch da höre ich die „Stimmen" von allen anderen, mit denen ich zu tun

habe. Wir haben homöopathische Behandlungen versucht – mit Matthias in Berlin (klassische Homöopathie)
mit Döbereiners (astrologisch-homöopathisch, diese hat
mir wenigstens meinen Zustand bewusster gemacht).
Aber es hat nichts wirklich gegriffen.

Verstehen Sie nun, warum ich weiß, dass mir Medikamente auch nicht helfen können? Diese „Fähigkeit" bzw.
„Unfähigkeit", ein „normales" Leben führen zu können, ist
in mir essentiell angelegt. Nennen Sie es Krankheit, vielleicht einen genetischen Defekt, im Horoskop ist es auch
ganz klar dargelegt: „Die Wahrnehmung von Verborge-
nem wird ‚maßstäblich' in der Durchführung (im realen
Leben) durch empfangene Bilder und wird durch aggressives Denken wieder nach außen gegeben, d.h. Verbor-
genes wird aufgedeckt, aufgezeigt. Die Wahrnehmungen,
bzw. die wahrgenommenen Bilder kommen über das
Empfinden, über den Ursprung in die Zeit." Soweit eine
kurze Zusammenfassung meines Radix-Horoskopes.
Verstehen Sie, warum es für mich keinen anderen Mann
mehr geben kann außer Ihnen, den ich finden musste?
Verstehen Sie nun den „Blitz" und warum ich von Anfang
an gespürt habe: „Da gehörst du hin!" Wenn ich mit Ihnen
zusammen bin, „höre" ich nur Sie. Sobald wir uns tren-
nen, sind die „anderen" Stimmen wieder da. Das betrifft
auch Ihre Mitarbeiter, und auch scheinbar die Patienten,
wie ich schon gesagt habe. Verstehen Sie, dass ich „gezwungen" bin, eine Maske aufzusetzen? Allerdings ist Ihre Stimme die „Lauteste", weil sie eben nicht nur „Stimme" ist, sondern auch „Licht", Herzschlag, Atem, Geist,
Seele und auch Gestalt – eben die Gesamtheit dessen,
was Sie sind und was ich spüre. Sie nicht zu sehen ist
schon unerträglich genug. Sie dann zu „hören" und zu
„spüren" übersteigt meine Leidensfähigkeit! Und ich spüre mich dabei eben auch als Frau. Das ist unabänderlich.
Deshalb gibt es für mich in Bezug auf Sie eben auch nur

*EINE Form der Umarmung, die Form der körperlichen Umarmung, der sich dem hingebenden Umarmung, dem man vertraut, bei dem man „innen" Nähe spürt. Sie können mich auch nicht „verwandeln", oder können Sie mein Genom umschreiben?*

Inzwischen war ich entschlossen den sozial-psychiatrischen Dienst einzuschalten wegen Jocelyne N.s ‚Selbstgefährdung', und ich sagte ihr das auch. Natürlich beschimpfte sie mich deswegen als unlauter und unfair, aber ich machte ihr klar, dass wir doch lebend zum Ziel kommen müssen und nicht einer lebendig, der andere tot.

*Lieber Dr. Hu    05. April 2007*

*sehen Sie, genau aus diesem Grund habe ich Ihnen nicht genau gesagt, was wirklich in mir vorgeht, weil ich wusste, dass Sie dieses „Phänomen" als herkömmliches „Stimmen hören" einstufen würden – vergessen Sie nicht, während meiner HP-Ausbildung hatte ich auch Psychologie und Psychopathologie – deshalb weiß ich auch, wie „Stimmen hören" im allgemeinen gedeutet wird. Ich hatte auch damals in der Klinik nichts davon erwähnt, auch nicht meiner früheren Therapeutin, Frau Lutz, gegenüber (vor vielen Jahren). Vielleicht drücke ich mich auch nicht exakt genug aus. Ich sollte es vielleicht als „empathisches Echo" oder besser noch als „empathische Reflexion" bezeichnen. Es hat eben auch mit körperlichem „Spüren" zu tun. Ein Beispiel: Wenn ich ins Büro an meinen Platz komme, spüre ich sofort die jeweilige Stimmungslage, das ist so, als würde ich etwas Unsichtbares mit den Händen greifen können. Ich spüre es in den Händen, es ist als wären sie statisch aufgeladen (Phosphor). Wenn ich dann mit den einzelnen Leuten spreche, überschwemmen mich deren Empfindungen – wie sie drauf sind, wie sie mich empfinden etc. Es ist eine Flut von*

*Empfindungen, die ich spüre, die auch oft gar nichts mit mir selbst zu tun haben. Warum, glauben Sie, sagen alle immer MIR Bescheid, wenn sie was von Arnold N. wollen? Es ist richtig, ich weiß, wann ich ihm wie, was und in welcher Art sagen kann. Das war ein „direktes" Beispiel. Es gibt u. a. zwei weitere mit zwei Patienten aus Ihrer Praxis, wenn es noch dazu kommt, kann ich Ihnen diese mündlich schildern. Das ist alles nur das was direkt passiert, nicht einmal einbezogen das, was mir „draußen" alles entgegenkommt, wenn ich z. B. nur in einem Supermarkt einkaufen gehe etc.*

*Aber dann sind da die „indirekten" Wahrnehmungen, die eben auch körperlicher Art sein können. Z. B., mein Bruder Richard befindet sich z .Z. in Beuersdorf auf Entzug. Er wurde mit der Polizei in die Klinik gebracht, weil er vorher unter Drogen und Alkohol randaliert und Dorothea geschlagen hatte. Das war vor 14 Tagen. Als das ganze passierte, war ich kurz vorher noch bei Ihnen. Mit Ihrer „Stimme" in mir fuhr ich nach Hause und dort spürte ich dann auch die Empfindungen meines Bruders körperlich. Das ist alles nur ein kleiner Teil dessen was ich von anderen Menschen spüre (dazu kommen eben auch gesundheitliche Beschwerden). Je näher mir Menschen stehen umso stärker nehme ich sie wahr – auch wenn sie nicht da sind, ich spüre sie und deren Empfindungen. Und SIE stehen mir nun mal empfindungsmäßig am nächsten. Durch Ihre Art, wie Sie (geworden) sind, durch irgendwo die „Verwandtheit", die ich sofort in Ihnen gespürt habe, als ich zum ersten Mal Ihren Raum betreten habe. Mit dem Tod meines Mannes hat ein Bruch in mir begonnen (auch astrologisch gegeben). Ich bezeichne diesen als Bruch mit dem „Schein". Ich weiß heute, dass mein Mann in den letzten Jahren mit diesem, meinem „Phänomen" nicht mehr klar gekommen ist. Es ist mir klar, dass so etwas für einen Lebenspartner nicht leicht sein kann, wenn es schon für mich allein so schwer ist. Und ich weiß auch, dass Medikamente (wenn nicht homöopathisch) alles nur unterdrücken, aber nichts für mich lösen können. Oh, wie kann ich Ihnen nur wirklich all das begreifbar machen, mit dem ich seit meiner Geburt klar kommen musste.... ich glaube nicht mehr, dass das noch möglich ist. Ich für mich, habe abgeschlossen! Und um noch ein kleines Stückchen mehr auf meine Verzweiflung draufzusetzen: Gestern ist eine meiner Gitarren (teure Konzertgitarre) kaputt gegangen – der Steg hat sich gelöst – kein Geld für eine Reparatur! Es ist, als wäre schon ein Teil von mir gestorben, mit dieser Gitarre hatte ich (1981) mein Examen gemacht!*

*Wieder ein Anzeichen von Finalität! Glauben Sie nicht, dass so etwas eine Bedeutung hat? Und Sie haben ja mit Ihrer vorletzten mail meinen Todeswunsch quasi verstanden, oder nicht? Ich wünsche Ihnen von Herzen alles Gute!* Jocelyne N.

Irgendwie nahmen ihre Briefe einen düstereren Ton an. Der sozial-psychiatrische Dienst teilte mir mit, was ich ohnehin schon wusste: Jocelyne N. hat alles abgestritten, sie war klar ansprechbar gewesen und sie habe mit vernüftiger Betonung gesagt, dass sie nicht im Traum daran denke sich etwas anzutun. Dieser verrückte Doktor mache sich zu viele Gedanken um sie, und natürlich habe sie einmal im Affekt das Wort Suizid benutzt, doch da sei nichts dran. Gerade ihr Erotomanie schützt sie ja davor, gegenüber der Welt und ihren Institutionen unsicher zu sein. Sie war ja nicht hilflos depressiv und konnte sich immer noch genügend zusammenreißen und verstellen.

Tatsächlich gab es zwischendurch wieder Aufhellungen. Aber ich muss zugeben, dass es mir immer schwerer wurde, mein Verständnis und das Bewahren seelischer Inhalte des anderen, meine Verantwortung, meine Sorgen, aufrecht zu erhalten. Es muss sich um einen Urkampf handeln, und sie selbst hat oft gesagt, sie wird den Kampf verlieren. „Welchen Kampf", fragte ich dann immer, „ich würde ihn so gerne verlieren"! Aber es war natürlich auch tatsächlich ein Kampf, ein Kampf um die „Ur-Übertragungsliebe",[79] so müsste man diese „Andersherum-Psychoanalyse" nennen. Sie, die das Fazit so langer sich umeinander bemühender Verhandlungen, das Resultat so zahlreicher vertraulicher Vereinbarungen, so entblößender Geständnisse, Kapitulationen und subtilster Verträge war, ist tatsächlich nur schwer durch einen Namen zu erfassen.

Goethe und die Frau von Stein haben sich ständig in starker Affektivität ihre Liebe gestanden, sich Hunderte von

---

[79] Freud spricht von Ur-Verdrängung, einer innerpsychischen „Gegenbesetzung", um die daraus folgenden späteren üblichen Verdrängungen zu erklären. Ebenso kann man eine „Ur-Übertragung" annehmen, um eine derartige extreme „Besetzung eines Liebesobjektes" beschreiben zu können, die dann aber letztlich jeder Art von Liebe irgendwie zugrunde liegt. Denn, wie ebenfalls Lacan treffend sagt, „wahre Liebe gibt es nur zu einem Namen". Gemeint ist zu etwas, das auch symbolisch, in Worten, Zeichen, Signifikanten, klar vermittelt werden kann. Die Ur-Übertragung könnte sich auf solch einen Namen, Signifikanten eben rein struktureller Art beziehen. Sie ist natürlich identisch mit dem, was man immer schon eine Übertragung außerhalb der Analyse, eine wilde Übertragung genannt hat.

Liebesbriefen geschrieben, nicht mit Koseworten und bewegenden emotionalen Ausdrücken gespart. Keine Frage, dass sie dabei auch „körperhaft" ergriffen waren, es war wirklich *Liebe*. Dass sie nicht nach ihren Lenden gefasst haben, mag Goethes Neurose gewesen sein, der erst mit etwa 40 Jahren in Italien sein erstes sexuelles Abenteuer hatte. Aber große Liebende waren sowohl er wie sie allemal, wobei man zugeben muss, dass die Zeit, die Art zu kommunizieren und das Wesen der sozialen Verbindlichkeit damals anders gestaltet war. Es wurde theatralischer, affektierter, pathetischer, herzhafter, „körperhafter" und schwärmerischer gesprochen als heute.

Aber man konnte doch jederzeit jemanden, den man gut kannte und dem man vertraute, sagen, wie sehr man ihn liebt, und das war auch echt so gemeint, ohne dass sich die Partner dabei fragen mussten, ob der andere dabei etwa gar etwas Erotisch-Sexuelles beabsichtigt. Schließlich waren die Menschen damals nicht prüder als wir, aber sie waren emotional stärker. Es war eine Vorform dieses „kontaktlos Berührbaren", der Bindungs- und Spannungsliebe in einem, wie die Leute zur Zeit des Barock miteinander sprachen. Schauspielerinnen von heute dagegen, denen man den Oskar verleiht, sprechen zwar auch wieder theatralischer, affektierter und schwärmerischer als die üblichen Leute von ihren Gefühlen, aber es ist keine Spur von Liebe dabei. Es ist eine hysterisch-narzisstische Show. Wir sind einfach lieblos geworden. Wir leben nicht nur in der „vaterlosen" sondern auch lieblosen, anonymen, in sich selbst fremden  und sich selbst verkennenden Gesellschaft.

*Lieber Dr. Hu, 08..April 2007    Warum? Ich frage mich immer wieder, warum? Das Gespräch heute mit Ihnen ließ wieder so viel offen. Sie sagten, Sie würden es verstehen, wenn ich mich von Ihnen zurückziehen würde. Ja, das werde ich, aber nicht ins Leben, das hatte ich schon oft genug gesagt, weil es eben ein Leben ohne Sie für mich nicht mehr gibt. Außerdem: Ihr „gebeutelt sein" vom letzten Jahr. Auch damals habe ich Sie schon gespürt, auch Ihre Blicke. Und Sie hätten nun mal viele Dinge nie sagen dürfen, als Sie erkannt hatten, wie es um mich steht.*

*Und das ist eben auch das, was ich immer empfange und mir die größten Schmerzen bereitet. Die Gefühle, die nichts mit mir zu tun haben. Ihre Zärtlichkeit und eben auch diverse andere Gefühle. Aber obwohl Sie mir schon soviel über sich berichtet haben, es gibt immer noch etwas in Ihnen selbst, was unausgesprochen ist.*

*Wenn Sie in meinem Zusammenhang von Liebe sprechen, ist es bestimmt nicht das, was Mann und Frau miteinander verbinden kann. Sie sprechen vom Abenteuer der „analytischen Liebe". Gewiss, früher suchte i c h immer das Abenteuer (natürlich in einem anderen Sinne als Euer Hochwohlgeboren), und ich gebe zu, dass Sex für mich immer sehr wichtig war. Aber da war immer auch mein „Spüren" eines Mannes. Es ist sicher für Sie nicht erstaunlich, dass Musiker immer eine Rolle gespielt haben. Aber leider hatte ich immer beide Handicaps, das des „Spürens" und das des „Geistes". In meiner Clique wurde immer gesagt: „Wennst nix weißt, dann bist bei der Jocelyne gar nix". Es ist wahr, dass ich teilweise mit Männern nur gespielt habe, aus Eitelkeit, Geltungsbedürfnis etc. Davon hatte ich Ihnen ja auch schon des Öfteren berichtet. Sie meinten heute, dass es zwischen Mann und Frau den Sex als Verschmelzung, als „Eins-*

*sein" nicht gäbe. Ich weiß aber, dass es diese Form gibt.
Es gab in meinem Leben zwei Männer, bei denen es nahezu so war. Weil ich das erfahren habe, und weil ich Sie
so extrem spüre, weiß ich, dass es mit Ihnen möglich
gewesen wäre. Wer oder was sagt Ihnen denn, dass wir
nicht eine gemeinsame Bestimmung haben?*

*Aber klar, für Sie ist mein „Spüren" zu irrational. Bei mei-
nem Mann war es so, dass wir uns schon lange kannten,
uns sehr nahe gekommen sind auf der Ebene des „Spürens". Freunde hatten immer behauptet, Jimmy wollte
mich nur aus repräsentativen Gründen. Sie sagten immer, ich sei viel zu wild, zu ungebunden, um eine dauer-
hafte Beziehung einzugehen. Dazu gibt es noch viele
Geschichten. Man hatte unserer Ehe kein Jahr gegeben.
Dazu muss ich sagen, mein Mann war (obwohl 10 Jahre
älter) in sexueller Hinsicht sehr – wie soll ich sagen – un-
erfahren, gehemmt. Er hat seinerzeit, als wir zusammen
waren, ein Bild gemalt „Urknall". Er musste keine Hem-
mungen mehr haben, und wir haben über all seine Phantasien gesprochen, die er verdrängt hatte. Vielleicht war
ich zu anspruchsvoll, wie Sie ja immer bei mir konstatieren. Während meiner Ehe gab es auch viele Männer, bei
denen ich Begehren gespürt habe, aber solche Spielchen
waren mir zu blöd. Ich habe Ihnen auch noch nie genau
vom „Spüren" des Sterbens meines Mannes, und der Zeit
kurz nach seinem Tod berichtet, seine Angst, seine
Schmerzen, aber vor allem seine Angst, die da war bis
zum letzten Atemzug, und die ich noch darüber hinaus
spürte. (Es läuft bei mir gerade auf dem Rechner das
Lied „Tears in Heaven" von Eric Clapton – ich habe dieses Lied auf der Trauerfeier spielen lassen, weil es eben
Musik mit Worten ist, die so vieles ausdrücken.) Zurück
zum Thema: Welchen Grund hätten S i e denn wirklich,
unsere Gespräche weiterzuführen? Ist es Liebe zu einer*

*Freundin, Schülerin? Aber doch bestimmt nicht zu der Frau Jocelyne!*

*Jocelyne N.*

*12. April 2007  Lieber Dr. Hu,*

*genau das ist es, was ich nicht mehr ertragen kann und ertragen will. Dieses permanente Knistern zwischen uns, aus dem ich immer unerfüllt fortgehen muss und dann wieder alleine bin mit meinen Gefühlen und meinem „Spüren". Eben deshalb weiß ich, dass meine „Wahrheit" im Sterben liegt. Wenn ich Ihnen wirklich nicht gleichgültig bin, wie Sie heute sagten, dann lassen Sie mich doch diesen Weg gehen. Wäre das nicht auch Liebe? Ihren Blick, Ihre Anwesenheit zu spüren macht mir immer wieder klar, dass es nur Sie für mich gibt. Mehr „Blöße" kann sich eine Frau gar nicht geben. Ich möchte mich nicht auch noch für das hassen müssen, was ich für Sie empfinde. Ich sagte es schon einmal: Lieber gehe ich mit „fliegenden Fahnen", aber noch mit etwas Würde zugrunde. Warum fordern Sie mich immer wieder heraus, wo es doch keine Zukunft gibt für uns? Ja, ich weiß schon, das betrachten Sie als Ihre Aufgabe. Aber Sie denken nie an den Schmerz, den ich tagtäglich aushalten muss. Ich kann so nicht weiterleben!*

*Aber, was rede ich überhaupt noch. Es hat ja doch alles nur noch den Sinn einer Fliege, die gegen die Windschutzscheibe eines Autos knallt. Genauso fühle ich mich – völlig zerschlagen.*

*For the last time – yours in eternity  Jocelyne N.*

Ich habe darauf insistiert, dass sie die Übungen meines psychotherapeutischen Verfahrens (ich nenne es eine „analytische Psychokatharsis) machen muss, in dem der nach innen gerichtete Blick zu einem Glanz wird, der in-

nen und außen ist, genauso wie die „Stimme", die eigentlich keine wirkliche „Stimme" ist, wie ja Jocelyne N. selber sagte, sondern eher ein „Es Verlautet".[80]

*Ich habe wieder Ihre Übungen gemacht, aber jedes Mal
höre ich bei dem „Verlautet" Ihre Stimme und bei dem
„Strahlt" oder „Scheint" sehe ich auch Ihr Gesicht! Wie
soll ich da zur Ruhe kommen? So wird doch alles nur
noch schlimmer! Da muß ein Fehler in Ihrem System sein
oder Sie wollen mich noch mehr durcheinanderbringen,
als ich es ohnehin schon bin. . . . Ich kann mir nur eine
Katharsis denken, die durch die Verschmelzung unserer .
. . .*     *J. N.*

„Sie haben vergessen die *Formel-Worte* zu üben, inniglich zu üben, denn dann würden Sie nicht mehr die
„Stimme" wahrnehmen, sondern das, was ich sage, ja sogar das, was ich Ihnen eben in den so äußerlichen, so um-
ständlichen Verben und Vokabeln anscheinend nie richtig
vermitteln kann: das Losungswort, die Deutung, den Auftrag, das „Anders-herum-Gesagte", die wirkliche Katharsis!" sagte ich zu ihr.

Denn das *Wort*, das Losungswort, das wie aus dem eigenen Inneren kommt, obwohl wir es auch äußerlich besprechen und durch Interpretation zu finden versuchen,
hat natürlich mehr Wirkung als sachliche Erklärungen
und seien sie noch so geistreich.

---

[80] In dem von mir inaugurierten Verfahren muss man sich auf
ein „Es Scheint", „Es Strahlt" einerseits und ein „Es Verlautet",
„Es Spricht" konzentrieren, während man die bereits erwähnten Formelworte wiederholt.

Cher Ishkoodah,                   *15 April 2007*

*so, auf geht's: This is the final countdown (Europe) oder, wie der Zugone sagen würde – „heute ist ein guter Tag zum Sterben!" Ich habe es am Freitag noch einmal versucht, aber es geht nicht mehr.*

*Hier möchte ich Ihnen noch einiges sagen, was Ihnen anscheinend trotz Ihrer Bildung, Ausbildung und Erfahrung entgangen ist.*

*Ich sagte Ihnen am Freitag, dass ich nur beim Sex wirklich unbefangen sein konnte. Sie sagten, das wäre nicht „mein" Sex gewesen, sondern nur der des Mannes. Das ist schlichtweg falsch! Da muss ich Ihnen, Lacan etc. aufs Vehementeste widersprechen! In jeder Frau existiert auch ein Teil der männlichen Sexualität, genauso wie sie, die Frau, auch Testosteron im Körper hat. Wäre das nicht so, wären Mann und Frau gar nicht kompatibel. Wie hätten Sie und Ihre Frau sonst Kinder zeugen können? Und das bestimmt nicht mit Kalender und Uhr in der Hand, sondern weil auch bei der Frau Lust und Leidenschaft, ein gewisses Maß an – ich spreche ganz offen, da es für mich nichts mehr zu verlieren gibt – „Geilheit" da ist, den männlichen Körper zu spüren, in sich zu spüren „mit" all seinen Funktionen. Die Frau ist nicht das hehre, von Ihnen fast schon verklärte Wesen. Warum glauben Sie, gibt es so viele Frauen, die beim Sex keinen Orgasmus bekommen? Hauptsächlich aus dem Grund, weil sie das eigene „männliche" in sich nicht zulassen. Warum, glauben Sie, gibt es Lesbierinnen? Eva, eine Freundin (Wienerin) hat in sich die „männliche „ Sexualität gespürt, obwohl sie „Frau" geblieben ist. Ich habe Avancen von Frauen erhalten, die in mir die „männliche" Sexualität gespürt haben. Gerade dann, wenn Frauen nicht wissen, wohin sie mit ihrer eigenen Sexualität hin sollen, weil sie es nicht von der eigenen „männlichen" abgrenzen kön-*

*nen, suchen sie den gleichgeschlechtlichen Kontakt. Die meisten Frauen jedoch nehmen diese Zwiespältigkeit gar nicht wahr, da sie darauf geeicht sind, „Frauen" zu sein (vielleicht ist sie es ja auch, nur gibt man ihr keine Chance das zu begreifen), genauso, wie der Mann von der Gesellschaft darauf geeicht ist „Mann" zu sein, nach Hause zu kommen und sich zu sättigen (auch an der Frau, wenn sie nicht begreift, was sie ist). In all dem, was Sie geschrieben haben, oder Lacan, oder auch Ihr Meditationslehrer in seiner „östlichen" Wahrnehmung, ist all das nicht klar ausgedrückt. Es klingt jeweils fast wie eine nachträgliche „Heiligsprechung" dar Frau an sich. Das ist in meinen Augen Heuchelei. Schon an den „Liebeshöfen" z. B. im Languedoc, Frankreich, besonders im 15. und 16. Jahrhundert (oder auch vorher bei Eleonore d'Aquitaine) wurde die körperliche Liebe, „l'amour corporel", nicht nur „besungen", sondern auch „gelehrt" als „eine Kunst in der man sich vervollkommnen kann", was Respekt für den jeweiligen Partner voraussetzt. Es war nicht nur eine Sache der „Fortpflanzung" – man muss sich ja nicht paaren wie Hunde – sondern das Wahrnehmen aller Sinne in sich selbst und auch in seinem Partner. Eine ständige Entwicklung sollte gegeben sein.*

*Das, was Sie immer recht abfällig als „Rituale" bezeichneten (wobei ich immer eine heftige Empfindung, ausgehend von Ihnen, gespürt habe), ist in Wirklichkeit das, was Mann und Frau (oder Mann und Mann, oder Frau und Frau) vom Tier unterscheidet (und Sie wissen, wie sehr ich Tiere geliebt habe) Es geht um das Werben, aber auch um die „Sprache", die sich aber dann auf dem Körper abspielt.*

*Und um noch einmal auf meine „Unbefangenheit" beim Sex zurückzukommen: Ich hatte nun mal diesen vertrackten „Tast- und Spürsinn". Für mich spielten sich die von*

*Ihnen so abfällig gewerteten „Rituale" auch auf der Haut, bei einer realen „körperlichen" Berührung ab. Das, was Lacan und auch Sie als „Genießen", als „Jouissance" bezeichnen, weil die Frau ja immer „lieben" muss dabei, klärt nicht alles. Aber ganz offen – der „Genießen" spielt beim Mann doch auch eine große Rolle, wenn er eine Frau als Frau respektiert. Dabei nochmals zurück auf meine „weibliche" Sexualität. Selbst die größten Machos haben mich mit Respekt, mit einer Art „Hingebung" behandelt. Und warum? Weil ich sie in ihrem „Mannsein" begriffen habe. Aber nicht erst dann, wenn es zum Sex kam, sondern eben auch nur, wenn ich den Mann ansah. Ich sah und sehe seine Augen, seine Hände, höre seine Stimme (und das, was er und wie er es sagt) und ich spürte. Sie sagten, Sie bräuchten keine Schutzmechanismen mehr. Auch das glaube ich Ihnen nicht. Ich weiß, dass Sie mich lieben, aber ich weiß auch, dass Sie mich begehren – auch wenn Sie, sehr charmant, sagen, dass das Gegenteil der Fall ist. Nein, da ist etwas anderes. Ich sagte Ihnen oft genug: „Bei Ihnen stimmt was nicht!" Und ich sagte oft genug: „Ich kann mich nicht so irren!"*

*But this all is said and done. There's no future. There's no more space in your life for me, for I can only love you the way that I do. As that whole man that you are, your mind your soul, your eyes, your voice, your hands. May be I know lots of things more of you than you yourself, I've felt that on Friday. May be with this letter you will better understand the "real facts". I accept, what you've said on Friday, even if that's not the truth. I've got music for this evening and red whine and the rest....*

*Please take this as the last sign from me with the picture I'm going to send to you now with you in the middle.*

*Please don't wait for me on Tuesday, don't send anybody else to me as you said on Friday!*

*Would you please have the respect to a woman who loves from the deepest heart, soul and body, but now has to learn the "hereafter", if it exists.*

*As I've told you, I love you more than any man in my life.*

*Now let's stop with that and let me say good-bye to you just by my Indian name*     *Wa-sha-quon-asin*

Aber lassen sich die Frauen nicht hinreißen von irgendeinem männlichen Nimbus, einer Größe und Mächtigkeit, eines Titels oder Namens. Eines Vater-Mannes, eines Gottes von Mann. Eines Mythos vom Helden wie Ishkoodah? „Das ist die Seite, die Sie nicht ganz sehen," sagte ich zu Jocelyne N. „Denn umgekehrt glaube ich Ihnen Ihre Sexwut auch nicht so ganz, Ihr gezielt heterosexuelles Begehren, darum geht es doch gar nicht", sagte ich mit einem energischen Ton, den sie immer bestens vertrug.

*Lieber Dr. Hu,*            *18 April 2007*

*leider sind wir uns tatsächlich nicht so einig. Sie beschreiben vieles, was mich annehmen lässt, dass Sie mich doch nicht verstanden haben. Ja, genauso ist es! Einerseits sprechen Sie mir das „Weibliche per se „ ab, weil ich nun mal in Mitteleuropa geboren bin, also nicht im „Windhauch einer tropischen Nacht" mein „Weiblichsein" verströmen kann, andererseits sagen Sie wieder, ich würde mit meinem „Spüren" über dieses, wie Sie sagen „authentisch Weibliche" verfügen. Wo kann es mehr Unlogik geben? Und wer sagt Ihnen denn, dass man immer um irgend einen „heißen Brei" herumreden muss, wenn die Artikulation doch so einfach ist? Eben die Artikulation jenseits des Wortes, die des „Spürens", „Fühlens", auf menschlicher Haut? Ihr „weibliches Genießen" ist eben auch gesteuert von dem, was sich auf der Haut abspielt! Nicht nur, gewiss, aber eben ganz und gar nicht so hehr und verklärt, wie Sie es sehen wollen. Jede Frau, die etwas anderes behauptet, lügt oder macht sich selbst etwas vor!*

*Pas de chance, n'est-ce pas ? Jocelyne N.*

Ja, mit dem, was sie von der Haut sagt, hat sie vielleicht nicht so unrecht. Tatsächlich ist sie ja vielmehr das „weibliche Organ" und nicht das, was Freud und andere nach ihm einfach in einer simplen Analogie zum Männlichen so bezeichnet haben, die Vagina z. B. Das, was Jocelyne N. meint, betrifft ja das direkte Angerührtsein, das „Caressing", das ja dem „Rieseln" so ähnlich ist, aber gleichzeitig noch nicht das wirkliche „andere Genießen", die Psychokatharsis darstellt, denn es hat noch infantile Züge. Was mich weiterhin beunruhigte, war vor allem, dass Jocelyne N. nichts dazu tat, ihre äußere Lebenssituation zu bessern. Sie ließ sich auch bei den Übersetzungen, die ihr ja Geld brachten, extrem viel Zeit. Letztlich hat sie nur ca. 15 Seiten von insgesamt 150 Seiten übersetzt und dafür fast ein halbes Jahr Zeit vergehen lassen, obwohl sie Geld für jeden abgelieferten Teil schon im Voraus bekam. Einmal gestand sie mir auch ein paar Seiten nachts um zwölf in einer dreiviertel Stunde hingekritzelt zu haben. Dabei ging sie jedoch nach wie vor ihren beiden Berufen nach, also bestand weiterhin noch in etwa die schon zitierte „gute partielle Lebensbewältigung".

*Lieber Dr. Hu,*                 *21 April 2007*

*es fällt mir jedes Mal schwerer, von Ihnen zu gehen. Als ich Samstag Nacht mit Musik und Rotwein schon in so einer Art „Hinüberdämmern" lag, meine Fläschchen ne-*

*ben mir, da sind Sie vor mir aufgetaucht. Sie winkten mir zu, so wie Sie es immer tun, wenn Sie einen Patienten auffordern zu kommen. Diese Geste hielt ich anfangs für reichlich anmaßend, was ich eigentlich auch heute noch so sehe. Sie erschienen mir da ungefähr so, wie Gregory Peck als Kapitän Ahab in Moby Dick. Da gab es die Szene, als Ahab, schon tot, mit Harpunenseilen an den Leib des Wals gefesselt war, und die Bewegung des Wals es so erscheinen ließ, als würde Ahab seinen Leuten zuwinken, ihm zu folgen, auch in den Tod. Und die Leute leisteten diesem Aufruf Folge. Diese Geste machen Sie auch oft in meinen Träumen – wenn ich nicht gerade mit Wecker oder Uhr durch die Gegend laufe. Wozu fordern Sie mich auf? Ihnen zu folgen oder doch dem Tod, den ich so oft vor mir sehe? So greifbar nah! Um endlich Ruhe zu finden. Ich weiß, Sie spüren meine Traurigkeit. Es gibt eben tatsächlich nichts, was dies lindern könnte.*

*Jedenfalls werde ich Ihnen niemals wehtun können. Dafür liebe ich Sie einfach zu sehr. Aber Sie müssten doch auch endlich einsehen, dass ich nicht mehr anders kann, und deshalb bat ich Sie ja heute, mich loszulassen, damit ich endlich Ruhe finde. Was habe ich UZ nur angetan, dass sie mich so leiden lässt? Darauf wissen Sie auch keine Antwort, das ist mir klar. Aber Sie wissen eins: Dass ich Sie liebe, wie man nur e i n e n Menschen lieben kann!*      *Ihre Jocelyne N.*

Diesen Brief schrieb sie knapp vier Wochen vor ihrem Tod. Ein Brief wie viele andere auch, wie viele Sitzungen und viele Telephonate. Ein Brief, der mich doch hoffen lassen konnte, dass sie mit dem Leben etwas anfangen kann, auch wenn ich nicht physisch dabei bin. Ein Brief, in dem sie von den Fähigkeiten ihrer Hände spricht und vielem anderen, das sie vermag. Vielleicht kann ich nicht mit allem etwas anfangen, ab er das macht ja nichts. Aber ich muss auch zugeben: ich konnte es langsam nicht mehr hören! Ständig das Gerede von ihrem Tod! Ständig der Hinweis auf diese düsteren, abergläubischen Bestimmungen! Und wenn ich ihr dann doch vermitteln konnte, wie sehr ich diese Drohungen ernst nahm, schwächte sie das Ganze etwas ab: nicht sie führe ja das Ende herbei, es sei einfach Bestimmung, das müsste ich doch auch sehen können. „Bestimmen kann nur der, der sprechen kann," erwiderte ich dann, „und das kann nur ein Mensch sein. Selbst Gott spricht nur durch den Mund eines Menschen. Mit Gott könne man – wäre es nicht so extrem paradox, es so zu sagen – höchstens so etwas Ähnliches wie „Sex" haben, echten „Metaerotik" natürlich. Aber es ist eben zu paradox es so zu formulieren, obwohl es genügend Leute gibt, die das ernsthaft versucht haben."[81]

---

[81] Einer war der Präsident Schreber, über dessen psychische Krankheit Freud und viele andere Autoren geschrieben haben. Schreber hatte in seinem Buch „Denkwürdigkeiten eines Nervenkranken" berichtet, wie er sich immer mehr in das „Weib Gottes" verwandelt fühlte und entsprechende Genüsse erfahren durfte. Umgekehrt gibt es einige Esoterikerinnen (z. B. C. Griscom), die spontan eine Erfahrung von der Art jenes von mir beschriebenen „Rieselns" hatten und dies als „göttlichen Orgasmus" bezeichneten. Und dies ausgerechnet bei unserer monotheistisch gefärbten Kultur, wo Gott gleichzusetzen ist mit Asexualität! Eben da liegt das Paradox, wenn es auch einmal erlaubt sein muss, es so zu denken: dass unser verbales Gerede eben nicht ausreicht, um mit Gott zu sprechen und es daher einer kathartischen Kommunikation bedarf.

*Lieber Dr. Hu,*              *28. April 2007*

*Ihre letzte mail war so lieb geschrieben, sie hätte mich so glücklich machen können, ich könnte wirklich glauben, dass Sie mich "sehr lieben", wie es in dem Traum hieß. Aber wir wissen doch beide, dass das alles unmöglich ist. Deshalb hatte ich mir ja am Samstag auch die CD von U2 mit dem Lied "I can't live with or without you" besorgt. (U2 und Bono waren öfter auf Eileann Rhu - der kleinen Insel, wo Oscar Wilde oft gewesen ist, im Lough Fee in Connemara. Da fühle ich auch Irland.) Diese CD (und einige andere) und der Rotwein, das war das ganze Ritual, um ohne Schmerz "hinübergehen" zu können. Natürlich war schon ein klein wenig "irokesisches Aufsteigen" dabei, aber das war eigentlich gar nicht mehr nötig. Nur Sie haben mich zurückgehalten, so, wie ich es gestern beschrieben hatte. Es tut mir leid, dass Sie sich soviel Sorgen um mich machen, deshalb möchte ich ja Ihren weiteren Lebensweg nicht mehr mit meiner Anwesenheit beschweren. Eine Anwesenheit, Nähe, die uns beiden doch nur Schmerzen bringt. Ich bin doch schon zerrissen genug, mit jedem Herzschlag, wenn ich Sie spüre. Es gibt eben kein reales Leben mit Ihnen und ohne Sie geht's eben nicht. Ich vermisse Sie mit jedem Tag mehr!*

*Ich fühle mich wirklich "Close to the edge" (Yes). Trotzdem nochmals vielen Dank für Ihre liebe mail.*      *Ciao, Ihre Jocelyne N.*

Selbst wenn sie also die Wahrheit, den Fortschritt (nicht den Erfolg) der „analytischen Liebe" gespürt hat, war er ihr nicht genug und hat sie all dies nicht gänzlich verstanden. Denn obwohl sie von der „tastenden Haut" gesprochen hat, auf der sie sich einschreiben müsste: bedarf es da nicht schon wieder einer realen Hand, muss da nicht ein realer Körper dazwischen sein, der diese Einschreibung vollzieht? Geht es nicht vielmehr es um ein Bewusstsein der Gegenwärtigkeit dieses von mir schon mehrmals erwähnten „Rieselns", „Schauderns" diesbezüglich dessen ich Goethe zitiert habe. Dieses „Rieseln", kathartische „Gruseln" kommt „anders herum" zustande, nämlich in der Seele, im Gehirn und lässt die Nerven erzittern, kribbeln, schaudern eben.[82] Aber weil es vom Gehirn, vom Unbewussten kommt, bringt es auch eine Erkenntnis mit und ist nicht nur Lust. „Sie sollten mich, zuerst mich – und nicht sich –als „Toten" wahrnehmen," sagte ich zu ihr, „als einen „Niemand", der zwar hören und sprechen kann aber ansonsten ein „Körper ohne Gestalt" ist. Deswegen habe ich Ihnen doch meine Methode angeboten, weil dort alles „anders herum" geht. Dort geht alles über die Sternfiguren, über das Jenseits, das Transzendente, die Seele, das Gehirn, das Unbewusste, „Felt Sense / Shift" zum eigentlichen Kern der Seele.

---

[82] „Gruseln" so verstanden, wie es auch in dem erwähnten Märchen geschieht, ist dann eigentlich der „Sex anders, verdreht, herum", so wie wir ihn normalerweise nicht als Sex verstehen. Wie verstehen wir eigentlich Sex als Sex, also das Sexuelle als solches? Gibt es Sex überhaupt und ist nicht Sexualität nur ein Sex, der sich unter ein bestimmtes Gesetz, eine bestimmte Regel stellt: Homo-, Hetero-, Trans- oder sonst ein Reglement, das stets eine Nuance von Perversion mit sich führt? So ist die Perversion der Heterosexualität, dass der Mann immer nach einer „Anderen" sucht oder zumindest unbewusst daran denkt. Dagegen ist das „Gruseln" der eigentliche „Sex". Der „Metaerotik".

Im Gegenzug nämlich spürte ich manchmal, dass es irgendwo auch eine „Undurchdringlichkeit" gab, die wahrscheinlich jedem Menschen erlaubt sein muss. Trotz all diesem manchmal hohen Grad an gegenseitigem Verständnis, gab es irgendwo eine undurchdringliche Wand. Sie wusste, dass es auch mir Schmerzen bringt, wenn wir nicht weiterkommen, aber sie wusste auch, dass ich das aushalten kann und muss und es auch weiterhin ausgehalten hätte. „Erinnern Sie sich" – sagte ich etwa zu dieser Zeit- „ - an unsere Gespräche von den „Höllenfeuern, von denen ich meinte, ich müsste eine ganze Menge von ihnen ständig in mir herumtragen, das ist mein Beruf. Erst fanden Sie diesen Begriff ganz originell, aber dann wollten Sie nichts mehr davon hören. Ok, wir hatten dann vereinbart, ich rede nicht mehr von den Höllenfeuern und Sie nicht mehr vom Lebensende. Ich habe mich daran gehalten, aber Sie nicht."

*Lieber Dr. Hu,*                                                  *01. Mai*
*2007*

*es hat sich nichts geändert. Das Mittel, das mir Dr. M. heute mitgegeben hat - Bromazep - ist doch nur nichts anderes als ein Suppressivum, etwas, das eben schon die Funktion von Mitleid hat. Und ich hatte Ihnen heute gesagt, dass ich kein Mitleid will, am wenigsten von Ihnen. Die Situation hat sich also nicht geändert seit gestern. Ich habe gestern bei Ihnen Hilflosigkeit gespürt und Enttäuschung. Die Enttäuschung heute noch mehr, aber auch ein großes Maß an Resignation, aber auch den Unwillen, mit mir noch weiterzumachen. Ihre Aufgabe, bzw. Obsession, wie Sie es immer darstellen, betrifft nicht mehr mich, weil Sie da eben schon aufgegeben haben. In Ihren Augen konnte ich heute deutlich sehen,*

*dass Sie, der mir immer Vorstellungen, Fixierungen vor-
wirft, auch nicht frei davon sind.*

*Ich habe bei mir zu Hause einige Mittel. Mehrere Halluzi-
nogene und eben auch 5 Gifte - vier sofort wirkende und
ein langsam Wirkendes und dann eben noch ein paar
Drogen, die einem das Einsteigen in die Endgültigkeit er-
leichtern können. Mit den Ur-Tinkturen ist es immer ein
bisschen schwierig, weil die Haltbarkeit sehr begrenzt ist
und ich leider nicht über die technischen Möglichkeiten
verfüge, diese zu extrahieren, bzw. aufzuarbeiten. Ich
habe noch eine Bezugsquelle in Berlin, die mir diese Mittel beschaffen kann. Bei uns, in der Toxi, habe ich auch
einiges machen können. Es ist alles in allem ein faszinie-
rendes Thema.*

*05 Mai 2007   Ich gab meinem Mann damals am Nach-
mittag Papaver somniferum (Urtinktur), da die Infektion
schon so weit fortgeschritten war, das Absauggerät nur
noch eine Qual für ihn war. Er war nicht mehr ansprechbar, er "sah" nicht mehr, ich empfing nur noch "Qual" und
"Schmerz" und ich dachte an unsere Vereinbarung:
Wenn es mal so weit ist, dann lass mich gehen!" - Es war
21.30 Uhr - an seinem Geburtstag - und ich gab ihm das,
was er wollte, was ich spürte, ich gab ihm eine speziell
aufbereitete Dosis Digitalis. Der Tod trat ein um 21.40
Uhr - ich hatte es Ihnen erzählt - als wenn ein Schalter
ausgeknipst wurde. Im Endeffekt habe ich meinen Mann
getötet!*

*Dann ging ich durch diesen Tunnel, durch all das, was
kein Mensch wissen konnte. Ich brach zusammen. Meine
Beine trugen mich nicht mehr (neuropathische Ausfälle,
natürlich auch durch Rotwein) Als es nicht mehr ging, war
ich bereit, dazu nach Haar zu gehen, da wollte ich wieder
leben.) Aber glauben Sie im Ernst, dass mir irgendein
Mensch, sei es Arzt, Therapeut, Schamane, Guru mit der*

*Hilflosigkeit sog. "moderner Mittel" noch was vormachen kann? Im Grunde geht es doch wirklich nur um "Wahrheit"! Ist Ihre Wahrheit besser als meine? Weiß Gott, ich hätte gerne von Ihnen gelernt, alles was es zu lernen gibt. Aber wären Sie bereit gewesen, auch von mir zu lernen? Das bezweifle ich eben.*

*Ja, okay, ich bin auch in meiner Eitelkeit gekränkt. Obwohl ich weiß, dass Sie mich in irgendeiner Form auch als Frau begehren - es kann nicht sein, dass eine Schülerin auch gleichzeitig mehr ist. Außerdem weiß ich, dass Sie diesbezüglich immer noch nicht "wahr" sprechen, dass eben da etwas ist, was Sie nicht preisgeben wollen.*

*Jocelyne N.*

In meinem aus der Psychoanalyse entwickelten Verfahren der *Analytischen Psychokatharsis* übt man wie in einer Meditation gewisse Formulierungen, die in einem einzigen Wortzug mehrere Bedeutungen enthalten und daher das Unbewusste anregen, aus diesen scheinbaren Nonsensworten eine eindeutige, endgültige Bedeutung heraus zu geben. Gerade ein solches Vorgehen ist für das Unbewusste – das strukturiert ist wie eine Sprache – typisch und hilfreich. Es entsteht nämlich letztlich eine Sprache, ein Sprechen – ich nenne es auch ein „Es Spricht" – etwas das einen anspricht ohne unbedingt etwas Besonderes zu sagen, absolut nichts Telepathisches, aber etwas scheinbar „außenherum" Vermittelndes, obwohl es sich um nichts anderes handelt als das Innerste der Sprache selbst. Der „Strunk, der Nabel des Sprechens". Diese Methode hätte auch den Vorteil, dass die physische Nähe nicht zum Problem werden muss, denn man hätte sich mehr in der Verbundenheit durch diese „Außenleitung" treffen und die selbst erarbeiteten Ergebnisse dann als zusätzliche Inhalte, aber dafür seltener in physischer Begegnung besprechen können.[83] Ganz kurz hat es auch – wie ich beschrieben habe – gewirkt, aber dann hat Jocelyne N. sich wieder in ihre Gefühle und Phantasien gestürzt und so das Verfahren ad absurdum geführt. Aber auch ich wollte sie damit nicht zu sehr bedrängen, denn sie sollte sich nicht im Geringsten wieder mit etwas, das von mir stammte, quälen.

*Lieber Dr. Hu,*                                                      *03. Mai 2007*

*in einer Sache muss ich Ihnen Recht geben, nämlich, dass ich zu Ihnen gehöre und zu niemandem sonst, auch wenn Sie diese "meine" Zugehörigkeit zu Ihnen wieder falsch interpretiert sehen. Sonst würde es ja keinen Sinn gehabt haben, dass ich Sie kennen- und lieben gelernt habe. Aber ich "spüre" doch ganz genau, dass das nicht alles ist. Ich sehe mich durchaus nicht als Profiler (es sei denn, bei Menschen, die mir ihre astrologischen Daten nicht geben wollen - aber natürlich spielt auch da das "Spüren" mit.) Und was den "prognostizierenden Arzt" betrifft: Das sind S I E. Ich bin nur Musikerin, HP, Homöopathin, Astrologin, und wenn Sie so wollen, eine Hündin mit eben diesem schon ziemlich exakten "Spür- und Tastsinn*

*Was Sie in Ihrer Art der Meditation "sehen", ist das, was ich bei meinen "irokesischen Aufsteige-Riten" "spüre" und auch "sehe". Aber vielleicht liegt genau da der Unterschied zwischen Mann und Frau, dass Sie zwar den körperlichen Schmerz spüren, vielleicht sogar auch ein*

---

[83] Lacan, J., Der Fall Robert von R. Lefort im Seminaire vom 10.3.54

*klein wenig den inneren, weiblichen, während die Frau alles, Schmerz, Leid, Glück, Freude, Seligkeit in der Gesamtheit spürt, und die Trennung zwischen physisch, mental und "körperlich" (wie Sie immer sagen) gar nicht vollziehen kann, weil es alles "ein Ganzes" ist?*

*"Shine on you crazy diamond"!!!*         *Yours, Jocelyne N.*

Manchmal denke ich, dass ihr das Sterben vielleicht nicht so schwergefallen ist. Ich habe mich zu Tode gesorgt, und sie dagegen hat nie an etwas anderes gedacht als zu gehen, weil das zur „Ganzheit" gehörte? Sie hat nur ein Riesendrama inszeniert? Nein, sie hat gewusst, dass das Sterben das Hineingleiten in einen letzten Traum ist, sanft und mühelos. Warum ständig leben? Gott sei Dank gibt es nicht auch noch ein Leben nach dem Tod! Sie hat nur versucht, sich und mich an die Grenzen zu treiben, um mal eben gerade zu sehen, wie das dann aussieht. Doch seltsam, dass ich das im Moment so denken muss: sie wusste ganz genau um die Nichtigkeit des Todes, die Banalität des Lebens . . . . In einem letzten Aufbäumen habe ich doch noch einmal mit der Klinik gesprochen, in der sie gewesen war. Doch die waren so blöd am Telephon, und ich habe ihr das geschrieben und dazugesetzt: „Mir ist jetzt auch alles egal! Bleiben Sie doch dort, wo der Pfeffer wächst!"

*Lieber Dr. Hu,*      *05. Mai 2007*      *Es erstaunt mich selbst immer wieder, wie sehr ich Sie liebe. Vielleicht sollten Sie mich doch wirklich und endgültig in das "Pfefferland" wünschen. Glauben Sie's oder nicht, auch gestern habe ich wieder Ihre Gefühle empfangen, das umso ungewöhnlicher, als Wut als eine so starke Empfindung recht selten 'rüberkommt (bis auf Ausnahmen. Auch da-*

von hatte ich in früheren Briefen schon gesprochen, als Sie mein "Spüren" noch nicht kannten). Vielleicht können Sie jetzt auch besser meine Vorbehalte, bzw. meine etwas feindliche Haltung gegenüber 'Leuten' verstehen, die mich nicht 'sehen' können, und nur pragmatisch, routiniert ihren "Job" machen, und ich spüre, dass da nichts dahinter ist. Mit "Nichts" meine ich ein "Nicht-be-greifen"-wollen, auch wenn man "anscheinend" von zwei entgegen gesetzten Seiten des Universums kommend aufeinander trifft.

Seinerzeit, in der Nervenklinik, gab es ja einen einzigen Menschen, der mich "absolut" ablehnte. Er war Patient, bezeichnete sich selbst als Schamane, lief immer barfuss, weil er jedermann erzählte, er müsse den Boden, den ich betreten hatte, reinigen. Auch ihn spürte ich, und ich mochte ihn, trotz seiner Ablehnung. Er bezeichnete mich als "weißen Dämon". Er spielte auch Klavier und Gitarre, sein Spiel war dann frei, wenn er einen bestimmten meiner "Schüler" (auch so etwas gab es in den eineinhalb Wochen) allein um sich hatte. Ich hörte oft von draußen zu, aber sobald ich den Raum betrat und ihm sagte, wie sehr mir seine Klavierimprovisationen gefielen, verließ er fast fluchtartig den Raum indem er sagte: "Es ist kein Platz hier für uns beide!"

Es gäbe auch zu diesem jungen Menschen einiges zu sagen. Aber, warum ich das jetzt erzähle? Vielleicht deshalb, um aufzuzeigen, dass ich mit diesem meinen "Sein" immer und überall konfrontiert wurde und werde. Ich denke, **das** ist meine "Krankheit"! Die Tiefe all dessen, was ich spüre und was offensichtlich auch "normale" Menschen von mir wahrnehmen. Vielleicht sollte ich mich wirklich in ein Kloster oder in ein sonstiges "Eremitendasein" zurückziehen, weil ich eben aufgrund dessen "keinen Platz in dieser Welt" habe. Gestern rief mich Herbert *wieder an. Er macht sich ja auch große Sorgen um mich. Er sagte nur: "Bitte, bitte komme am Freitag zum Treffen!" Aber da muss ich eben wieder eine Rolle spielen, in der ich mich nicht mehr wohl fühle - die unnahbare, kluge, starke Jocelyne!"*

*Seit ich Sie kenne, hat sich eben alles verändert. Ich muss nicht mehr spielen, pokern, etwas darstellen. Sie lassen mich ja auch in gewisser Weise mein "Spüren" (in meiner marsischen Weise) ausdrücken.*

*Ein Thema wollte ich - so unwichtig es Ihnen erscheinen mag - noch ansprechen. Sie meinten neulich, ich sei immer gut angezogen. Das klang schon fast wie ein Vorwurf. Dazu muss ich allerdings sagen, dass das wohl das Erbe der Familie meiner Mutter ist. Können Sie sich vorstellen, dass meine fast 99-jährige Tante die gepflegtesten Füße hat, die man sich nur vorstellen kann? Ich mache ja regelmäßig eine Behandlung mit dem Magneten bei ihr (eingewachsene Zehennägel), deshalb bin ich immer wieder aufs Neue erstaunt.*

*Gerade läuft auf meinem Rechner das Lied "Only time" von Enya. Haben wir wirklich noch Zeit? Oder sind wir nur das Abbild der "Twin Towers" vom 11. September 2001? Wer von uns bricht zusammen? Doch wohl eher der "Alexandrit", aber niemals der "Diamant"!*

*Ciao Jocelyne N.*

Ich war gar nicht wütend, als ich Jocelyne N. ins „Pfefferland" wünschte, ich war einfach etwas erschöpft. Nur noch echo-spiegelnde *Gegenübertragung*! Ein verborgener Zeiger rückte die Uhr unabänderlich auf die Stunde Null vor, so begann ich bereits in Jocelyne N.s Art zu reden. Der Tod, die süßeste Verlockung, Eins-Sein mit diesen traumhaften Unendlichkeiten der Sterne? Nicht mehr

denken müssen, nicht mehr sich sorgen, nicht mehr auf-
stehen, nicht mehr leiden, ja, selbst nicht mehr „nicht
mehr" sagen, einfach nicht mehr, nicht mehr. . . ?

Cher                                              Ishkoodah,
7. Mai 2007

*jetzt ist es mal wieder soweit - ich bin gezwungen weiter
zu leben. Brigitte ist krank! Wird länger dauern. Ich bin
wieder so zerrissen! SIE und Arnold N. und Horst, die
Crew, meine Clique, meine Familie....Als Brigitte heute
angerufen hatte, hätte ich am liebsten irgendwo ein Pferd
gestohlen und wäre mit ihm los geritten, gen Westen, in
den Sonnenuntergang, soweit es nur gehen würde. Auf
dem Weg hierher bin ich dann auch an der ZVG vorbei-
gefahren, Richtung Autobahn. Ich wollte nur noch weg!
Wieder keine freien Tage, die Wohnung ist weg, kein
Führerschein, keine Perspektive. Was habe ich denn
noch zu verlieren? Diese einfache Sache - dass Brigitte
krank ist - hat bei mir derartig exorbitante Ausmaße an-
genommen, dass ich wirklich "ready to fly" war, heute
morgen. Was... jetzt rief mich gerade Martina, Schülerin
(Grundschullehrerin), an, sie ist krank, hat Scharlach (!!!)
- wieder eins drauf - dann hatte vorher Silke (Zyto) angerufen - Gästin (Sabbatical) ist angekommen (das ist eigentlich Brigitte's Aufgabe), jetzt auch noch rüber zur
Personalabteilung und Chef braucht mich, und Horst
braucht mich, und Hardy etc.... wann darf ich mal an mich
denken? Aber das geht ja sowieso nicht - weil ich eben
immer an SIE denke, an Ihren Gesichtsausdruck am letzten Samstag, als ich unbedingt gehen, Schluss machen
wollte, ohne Medikamente, an den Trotz, es Ihnen beweisen zu wollen, den "Skorpionstachel" gegen mich
selbst zu richten, immer und immer wieder!*

*Ihre verzweifelte Jocelyne N.*

*Lieber Dr. Hu  09. Mai 2007*

*sehen Sie, so geht es zur Zeit bei mir: als ich ins Auto kam - Nachricht auf dem Handy von meinem Bruder Fred - er hat nächste Woche in einer großen Forschungsinstitut zu tun. Dort steht ein Großgerät von Hellige. Und weil ich ihn schon seit langem damit gelöchert hatte, wie so ein Gerät funktioniert, gibt er mir eine Gratis-Einweisung irgendwann in der nächsten Woche. Ich stell' mir das hochinteressant vor, gerade in Bezug auf die ganzen neurologischen Geschichten, mit denen ich ja derzeit "bombardiert" werde, aber auch in Bezug auf Ihr Buch. Anscheinend schließt sich auch da wieder mal ein Kreis. Übrigens würde ich gerne mal die Abb. 11 sehen, die ja leider eben nicht abgebildet ist, aber davon nächstes Mal. Ja, und kaum bin ich hier im Büro angekommen, wollte schon wieder jeder was von mir. Allem voran Zarzis, der andere N2-Apparat. Jetzt muss ich dreimal in der Woche den Füllstand beider Apparats mit einem schwarzen Kunststoffrohr (musste ich mir auch erst organisieren) messen, um die Abweichungen von Zarzis (so habe ich den Apparat getauft, der andere heißt ja Maro) festzustellen. Aber irgendwo haben die Leute schon Recht, wenn sie sagen: Jocelyne, mach du, du kennst dich am besten aus. Stimmt, schließlich habe ich fast so eine Art Mutter-Funktion für diese Geräte übernommen.*

*Also, da komme ich nicht aus. Wie verträgt sich so was eigentlich mit der Musikerin, Homöopathin, Astrologin? Gibt es etwas Absurderes? Und noch dazu meine Funktion als Finanz-Expertin für unser Büro, wo ich mit meinen eigenen überhaupt nicht klar komme. Aber so war das eigentlich schon immer. Wenn es gilt, für andere was zu organisieren (s. Partys, Essen, Musik, Tanz, Entertainment etc.) kann ich gar nicht genug davon kriegen, aber bei mir selbst hapert's eben gewaltig. Nur wenn ich* mit Auto, Zelt und Hund irgendwo in Frankreich unterwegs war, da brauchte ich nur an mich und Napoleon (so hieß der Hund - ein Border-Collie-Mischling weiblichen Geschlechts, der allerdings seinen Namen in Südtirol bekommen hatte und eigentlich meinem Cousin gehörte - lange story) zu denken. Wie ich Ihnen schon erzählte, hatte ich da auch immer meine Pfeife, Rotwein und die Gitarre dabei (mit der ich mir eigentlich die ganzen ausgedehnten Frankreich-Aufenthalte finanziert habe, sozusagen als Straßenmusikerin). Das war eigentlich mein Leben, halb Indianerin, halb Zigeunerin (s. Marcel und seine Roma-Sippe). Da war ich wirklich frei, obwohl ich eben auch was dafür tun musste. In Irland (und England, Schottland) hatte ich zwar keinen Hund dabei, aber die Musik war da, und das Wilde, Ungezähmte der Landschaft, des Meeres, des Wetters. Und sowohl, als auch, immer die Pferde. Sagt Ihnen das alles nichts? Für Sie klingt das alles romantisch, aber por a me it was "real life". Nun bin ich "gezwungen", mich anzupassen. Das schnürt alles meine Seele ein, ich kann nicht mehr atmen! Deshalb auch gestern dieser klägliche Fluchtversuch. Es ist, als ob man einer Araberstute den Willen "gebrochen" hätte. Da wird man schon fatalistisch, bzw. es ist einem egal, was noch passiert, wenn das, was passieren sollte, eben nicht passiert.

Auch auf die Gefahr hin, dass ich Ihnen erneut auf die Nerven gehe - ich liebe Sie sehr, sehr, sehr... bis gegen unendlich!!?!

Jocelyne N.

Bis gegen unendlich, so hatte ich mir dies auch vorgestellt im Sinne der Freudschen „unendlichen Analyse". Die Romantizismen waren Vergangenheit, sie wollte sie eigentlich gar nicht mehr, auch nicht dieses von ihr doch so oft beschwörte erotische Abenteuer?! Sie wollte eine sichere Partnerschaft, das Partnerversprechen (früher sagte man Heiratsversprechen, aber das ist heute nicht mehr modern). Sie wollte gar nicht die körperlichen Ekstasen, über die sie brillierte. Die Körper waren ja auch nicht mehr jung, ihr Bauch zu gewölbt wegen des Meteorismus der toxischen Fettleberkranken, der alkoholischen Hepatitis? War ihr Körper vielleicht gar nicht mehr so ganz gut geeignet für die Realität der Preisungen, der Verheißungen wilder Vollmondnächte, von denen sie sprach, denn ihre Gang war schon unsicher, staksig, was auf eine zentrale Nervenstörung hinwies? War nicht alles an ihr nur noch ein Aufschrei nach Hilfe, weil die kranke Seele auch schon tief in einem genau so kranken Körper steckte? War es nicht der Hilfeschrei der schon Gestürzten, Verdammten, der auf immer Verlorenen ( bzw. derer, die sich dafür halten)?

*14. Mai 2007*

*Was ist an meinen Erzählungen so geheimnisvoll und rätselhaft? Es sind eben die "Erfahrungen", die ich gemacht habe, immer die Neugier auf alles "Geheimnisvolle", in das der Durchschnitts-Mitteleuropäer sich nicht hineinfühlen kann. Ich bin so geboren worden, ich habe Ihnen schon soviel darüber erzählt, und eben auch darüber gesprochen, dass ich nicht in **diese** Welt passe!*

*Warum wollen Sie nicht weiter mit mir träumen? Vielleicht sind ja auch Träume darunter, die vor der "Wirklichkeit" und vor dem "Wirkenden" Bestand haben?*

*Ich liebe Sie und brauche Sie. Ich bin nur e i n Teil unseres        komplizierten        Doppel-Ishkoodah-Sternensystems!        Truly yours, Jocelyne N.*

Das sagte ich doch ständig: natürlich wollte ich mit ihr weiter reden, palavern bis hin an die Grenze der Träume und darüber hinaus. Natürlich wollte ich die Bilder mit ihr zusammen sehen, die Durcheinander-Bilder, die Verknotungs-Bilder, die herrlichen und auch bizarren Stern-, Natur- Pflanzen- und Menschen-Bilder. Ich wusste doch, wie sehr sie inmitten von Opuntien, Clivien und Goldbandlilien, inmitten von Zichorien, Myrtengewächsen und Akeleien genau jene seltene, versteckt wachsende Blütenpflanze finden konnte, die wie die „blaue Blume" der Romantiker nur dem Eingeweihten vorbehalten ist. Sie liebte die Welt all dieser enigmatischen Formen und Wesen, egal ob Mensch oder Tier oder auch nur Mineral. Blauquarz und Amazonit, Achat und Jaspis, Malachit und Amethyste, Karneol, Pyrit und Leopardenskin – weiß Gott von was allem sie mir erzählt hat. Nur, warum hat sie daraus nichts gemacht? Warum hat sie ihren vielen Talente nicht mehr für sich genutzt? Die Musik, die Sprachen, die Heilpraktik . . . ?

## 6. Der tansgendere Höhepunkt

Wie ich etwa in der Mitte des Buches schrieb, hätte es noch eine weitere Verschärfung von Übertragungsdeutungen gegeben, so wie sie die Psychoanalytiker Kestenberg, A. Limentani und G. Hansbury beschrieben haben. Hansbury hat viel mit Transgendern gearbeitet und ist selbst ein Transmann, der also zuvor (biologisch) eine Frau war. Er postulierte, dass alle Männer ein sogenanntes „männlich Vaginales" besitzen, also eine weibliche Art von Geschlechtlichkeit, die er mit dem „inneren seelischen Raum" als identisch bezeichnete. Nun handelt es sich hier um genau solche Sonderfälle wie ich sie schon bei der Psychoanalytikerin Judith Le Soldat erwähnt habe oder eben solche, wie sie bei Transgendern oder im Sadomasochismus oder anderen Perversionen vorkommen.

Etwas anderes ist es aber, wenn man diese sexistischen Versionen nicht nur an Hand von Fallbeschreibungen theoretisiert, sondern sie direkt als Begriff in der Übertragungsdeutung verwendet. Schließlich wird in der Psychoanalyse grundsätzlich Sexuelles betont, weil nur eine mit solchen Zuschreibungen ausgestattete Sprache etwas bewirkt. Die Deutungen bekommen dadurch die genannte „Sättigung". Selbst vom innerseelischen weiblichen Raum beim Mann zu reden, hätte zu sanft geklungen. Wenn ich aber resolut und fast entrüstet zu Jocelyne N. gesagt hätte: „Sie penetrieren zu heftig und aggressiv mein „männlich Vaginales", das Organ meiner Weiblichkeit, und diese Vergewaltigung kann ich nicht aushalten", wäre dies ein massiverer Affront gewesen als die bisher geäußerten und nur wenig gesättigten Übertragungsdeutungen. Exakt einen derartigen Angriff hätte sie vielleicht jedoch bestens verstanden, hat sie doch selber immer von ihrer eigenen Männlichkeit gesprochen und damit ihr weibliche Sexualität aufbauschen, hochputschen und ins Phallische hinein exorbitieren wollen. Schon da hätte ich ihr zeigen können, dass die ihr sicherlich zustehende Männlichkeit nicht etwas Phallisches ist, das sie hat, vielmehr personifiziere sie selbst das Phallische, indem sie es ist. Lacan pflegte oft zu sagen: „Der Mann hat ihn, die Frau ist der ‚Phallus' (alles symbolisch-real zu verstehen).

Die „queeren Männer", sagt Hansbury, „müssen erst lernen, dass nicht die Vagina, auf der gegenüber z. B. Transmänner in Indifferenz verharren, das Entscheidende ist, sondern dieses „männlich Vaginale", der innere Begehrensraum, in dem sich ein anderer Mann oder eine Frau einnisten und von dem aus man seine letztliche, summarische Identität, die er „Inklusion" nennt, erreichen kann.[84] Im Umgang mit queeren Männern ist dies sicher eine zutreffende Möglichkeit, das verwickelte Sexuelle aufzubrechen und sich neu ordnen zu lassen. Und was für die queeren Männer gilt, gilt meiner Ansicht nach nun auch – eine leider zu späte Erkenntnis – für die erotomanen Frauen, egal ob sie cis oder trans sind. Denn sie maßen sich diese fertige ‚Inklusion' ja an. Jocelyne N. beharrte oft darauf, dass sie Weibliches und Männliches mehr oder weniger in toto in sich beherbergt und bei mir ‚sieht', wie ich dies verleugne.

---

[84] Hansbury, G., Das männliche Vaginale, PSYCHE Nr. 8 (2019)

Umgekehrt wie beim „männlichen Vaginale", das der ge-
störte Mann nach Auffassung der oben genannten Autoren in sich öffnen soll, müsste man dann also bei den erotomanen und oft auch bei den zu sehr vom Feminismus
geprägten Frauen das „weiblich Phallische" konstatieren,
das die einen hochjubeln (wie Jocelyne N.) und die anderen niedermachen, indem sie – wie Lacan sagt – „ver-
leugnen, dass der Phallus ein Signifikant ist", etwas
‚Wortwirkliches'. Freud hatte doch schon vor hundert
Jahren geschrieben, dass das ‚Phallische' für beide Ge-
schlechter gilt, indem diese es sich in der frühen Kindheit
gleichermaßen aneignen. Die genannten Autoren sehen
nun, dass bei Männern, die den Wunsch haben eine Frau
zu sein (ohne ausgesprochen transsexuelles Verlangen)
meist einen starken Neid auf alles Weibliche, speziell
auch auf das genannte ‚weibliche Genießen' (evtl. verbunden mit der Phantasie eine Vagina zu haben). Diese
Einstellung ist häufig verbunden mit ausgeprägter ‚Orali-
tät' (Mund-, Verschlingungs-, Verschmelzungslust).

Das Pendant also zu diesem ‚männlich Vaginalem" ist
nun zwangsläufig also so etwas wie die „phallische
Frau", das weiblich Phallische, das vom Männlichen
abgekupferte und mehr aktive „plaisier phallique", das
man auf Seiten der Frau ja auch mit dem entsprechenden Neid versehen hat,[85] und das ebenso mit oralem As-
similierungsverlangen einhergeht. Wie gesagt hätte ich
dies als die Waffe entlarven müssen, mit der Jocelyne
N. mein „männlich Vaginales" attackiert. Ich hätte sie

---

[85] Freud sprach ja missverständlich vom „Penisneid".

so mit ihren sexistisch-mörderischen Ansätzen konfrontieren können, von denen ich ihr gezeigt hätte, dass sie genau mit ihren selbstmörderischen korrelieren. Indem sie mich im erotischen Bereich angriff, konnte sie so tun, als sei ich der Böse, dem das Mörderische zukommt, während sie keine selbstständigen Fähigkeiten mehr hat, einem angeblich magischen, selbstmörderischem Schicksal zu entkommen.

Nun muss man ganz klar sagen, dass alle diese Zuschreibungen nur Sinn machen, wenn sie in einer praktizierten Psychoanalyse stattfinden. Für den Normalgebrauch als philosophische, kulturelle, allgemein psychologische Darstellung haben sie nur in ihrer Metaphorik Bedeutung. Bei Lacan und für meine, der Psychoanalyse entlehnte *Analytische Psychokatharsis* sind andere Begriffe sinnvoller. Was ich hier schreibe, ist die Essenz meiner persönlichen und wissenschaftlichen Erfahrung, und da ist der „innerseelische Raum" nicht unbedingt vom „weiblich Phallischen" oder „männlich Vaginalen" besetzt. Für mich ist er der Platz der schon oben erwähnten Fruchtbarkeit, der Kreativität und der einer souveränen Liebe, einer Liebe, die sich nicht zu erkennen geben muss.

Das sexistisch-aggressive, das die Transgender-Autoren favorisieren mag gut für die genannten Sonderfälle (wie es auch einer bei Jocelyne N. war) sein und in der Übertragungsdeutung auch besser wirken. Ich halte mich eher an den Philosophen M. Foucault, der von der „Macht ohne Machthaber (ohne Herrschaft) und vom „Sex ohne Gesetz (ohne Normierung)" sprach. Diese Begrifflichkeiten passen viel besser zum „inneren seelischen Raum", indem dieser – was ja die transgenderte Ebene einschließt – auch Fruchtbarkeit, Kreativität, ja, wie die Psychoanalytikerin R. Golan schreibt, auch Schmerz und Leid einschließt, „aber auch Universalität, Höhe, Grenzenlosigkeit, Erkenntnis / Erleuchtung, Wissen, Freiheit und Glückseligkeit beinhaltet.[86] Im Gegensatz zum „plaisir phllique" handelt es sich dann – wie sie sagt – um die „jouissance feminine", ums weibliche Genießen.

Freilich hätte ich mit diesen krasseren Deutungsmächtigkeiten schon früh bei Jocelyne N. anfangen müssen. Später war sie schon zu krank, zu alkoholsüchtig, zu sehr selbst von Ideen eingeschlossen, von ihrer Liebe her gequält, vom Zentralnervensystem (zentralnervliche Bewegungseinschränkungen) her gestört. Aber dass ich mich als queer zu verstehen gegeben hätte, wo sie sich doch selbst so erstaunlich in ihrer Weise queer gab, hätte sie aufgewühlt und zum ernsthaften Nachdenken gebracht, und es hätte ja auch tatsächlich der Beziehungsdynamik entsprochen. Ich habe versucht, uns auf einer psychologischen, herkömmlich psychoanalytischen Ebene zu erfassen, aber die queere Ebene wäre die besserer und – man muss es so ausdrücken – zutreffendere gewesen. Wie gesagt, Jocelyne N. hat es ganz legitim mit dem männlich Sexuellen probiert, über das sie auch als Frau verfüge, aber sie verfügte nicht richtig darüber, nicht ‚inklusiv', nicht in der Weise, wie man den ‚Phallus' als jemand einsetzt, der ihn nicht als Machthaber und als Normierer

---

[86] Golan, R. Loving Psychoanalysis, Karnak (2006)

versteht, sondern als Signifikanten, als Symbolisierer. Ist man der ‚Phallus' in toto, kann man ihn nicht auch als Teilobjekt haben. Sie hätte ganz klar gesehen, dass daran etwas dran ist, und dass es auch um ihren eigenen ‚inner-seelischen (männlich/weiblichen) Raum' geht, der chaotisch war.

*Lieber Dr. Hu,*            *15. Mai 2007*

*Sie sagten soviel, von zusammenkommen, von Zeit, von Untreue oder nicht, von anderen attraktiven Frauen, von Ihrer Aufgabe, von "Ihrer" Liebe zum Leben....etc. Ich fühlte mich wieder so ganz klein und doch Ihnen so nah, als würde ich wirklich in Ihren Armen liegen. Das alles quält mich so! Verstehen Sie das nicht? Wie viele Prüfungen muss ich denn noch durchlaufen, ehe ich Ruhe finde? Ich bin so müde.....*

*Am Freitag werde ich wohl mit den "Jungs" (Harald, Uwe, Jim etc.) in Dornstein das Fußballspiel anschauen. Als ich am letzten Freitag die Spieler von XX favorisierte, haben die mich fast erwürgt! Dabei muss XX ein wunderbares Land sein! Schließlich gibt es dort tätige Vulkane, und viele Viecher, darunter den Magrei, Baumozelot, den es nur noch da gibt und der auf meiner persönlichen "Roten Liste" ganz oben steht (von dem ich auch nicht will, dass irgendwelche Idioten ihm das Fell über die Ohren ziehen), zusammen mit den Schneeleoparden, den Vielfraßen, den Totenkopfchimären, und, und, und...*

*Time goes by, slowly but surely, "my" time goes by, don't you hear it ticking? Don't you hear my heartbeats?*

*Wie soll ich denn die Zeit überstehen, wenn Sie nicht da sind? Es kommt mir so vor, als hätten Sie mir heute end-*

*gültig den Boden unter den Füßen weggezogen! Ich bin nur noch traurig!*

*Ich liebe und respektiere Sie und das, was Sie wollen. Ich kann nicht anders als Ihnen vertrauen, with the desire of hope while I'm dying daily, every hour, every minute, every second.....*

*Very truly yours, Wa-Sha*

Das schrieb Jocelyne N. nur vierzehn Tage vor ihrem Tod. Sicher schreibt sie auch hier wieder, dass die Zeit drängt und sie nicht weiter weiß. Aber sie vertraut, sie redet, sie wendet sich wirklich an mich mit allem Möglichen. Ich hatte vor, sechs Tage wegzufahren, keine lange Zeit. Und doch war es davor schon zu Ende und ich musste wohl weiterleben, um davon etwas zu sagen, von diesem Wahnsinn, der doch irgendwo einen Sinn haben muss, von diesem Schmerz, der irgendwo doch auch scheinbar eine abgrundtiefe Lust begräbt. Lässt sich noch irgendetwas retten? War nicht doch ein großer Teil ihrer Reden und Geständnisse nichts als nur das Spiel einer schon längst zum Tode Entschiedenen? Ich meine nicht, dass sie sich dazu entschieden h a t, sondern dass sie irgendwie dazu entschieden w a r, vom Innersten heraus sozusagen. Aber wie kann man so etwas dann verstehen? Es war nicht falsch, wie ich gehandelt, gedacht und gefühlt habe: man kann das nur verstehen, wenn man sich selbst voll in dieses Innerste des Anderen hineinbegeben hat. Und ich denke, ich habe das getan. Und deswegen glaube ich auch, dass ich von einer Dialektik der *Liebe* reden kann, denn es ist egal, ob in der Synthese ein Tod dazwischen steht oder nicht.

*Caro Dr. Hu,*                      *14. Mai 2007*

*Irrtum! Ich bin hier, weil ich ja für Brigitte mitarbeiten muss. Dass ich hier im Büro so gut ankomme, liegt zum Teil an meinem "Rollenspiel", aber auch in dem Bewusstsein, dass es SIE gibt, einen Menschen jenseits aller "Spaßgeschichten", an der inneren Verbundenheit mit Ihnen als dem einzigen in meinem schon "langen Leben" (Sie brauchen nicht zu lachen), in dem ich "Leben, sphärische Schwingungen, die Unendlichkeit des Universums" gespürt habe (so wie Cliff Richard seiner Zeit zu mir sagte: "You are the woman, who listens to the universe!" - das war auch keine "Spaßgeschichte"!) Verstehen Sie nicht, dass ich keinen Ausweg mehr habe? Sie sagten, ich müsse meinen "eigenen Weg" gehen, aber ist es nicht genau das, was ich tue? Es gibt nun mal keinen Weg für mich ohne SIE! Ich weiß, ich habe viel Unordnung in Ihr Leben gebracht. Auch das möchte ich beenden. Und das kann ich eben nur dadurch, dass ich gehe! - Jetzt kam grad Horst zu mir und hat mir eine Schachtel "MERCI"-Schokolade in die Hand gedrückt mit den Worten: "Für deine Worte von gestern"! Warum kann ich nur Sie lieben? It's really a question of fate, isn't it?*

*Ist es zuviel verlangt, wenn ich Sie bitte, heute in der Halbzeit- Pause kurz an mich zu denken?*

*Very truly yours Wa-Sha*

Kurz danach schickte Jocelyne N. mir noch folgende E-Mail, die sie auch in ihrem Büro zum Spaß verteilt hatte.

*Lieber Dr. Hu,*                   *17. Mai 2007*

*das wollte ich Ihnen schnell noch mitschicken!*

*„Dear colleagues, I wish you all a very pleasant first "soccer-weekend"! (For those who don't like soccer,*

*there is also the "Formula 1"!) Even if I myself cross the
fingers ( completely not patriotic)) for XX. Finally there
are Margays (Baumozelot - Leopardus weidi, "red list")*

*and the volcano, which, in case of defeat could sprew its
ashes over Germany....? Tantos saludos! Jocelyne N.*

Eine belanglose, aber doch heitere Botschaft über ein be-
vorstehendes Länderspiel. Deswegen habe ich ihr auch
wieder geschrieben und darin meine Gewissheit ausgedrückt, dass wir uns „am nächsten Mittwoch so gelaunt
wiedersehen", wie es sich in ihrer mail über die Fußball-
nachrichten ausdrückt. Aber es stimmte schon nicht
mehr. Als hätte sie sich wirklich an einen geheimen Plan
gehalten, mit dem ich nichts zu tun haben sollte, und der
doch nichts anderes als mich betraf. Oder gab es bei mir
einen Moment von Nachlässigkeit, ja vielleicht sogar von
Wut über all die Schwierigkeiten der Therapie? Ich weiß
es selbst nicht.

*Lieber Dr. Hu,*            *19. Mai
2007*

*leider ist mir gar nicht zum Scherzen zumute. Da können
Sie sehen, wie gut ich "Schauspielen" kann. Es war eher
nur noch ein expressives letztes sich Aufbäumen eben
dieses tödlich verwundeten Tieres, das ich bin.Mein Leben ist ein einziger Scherbenhaufen, ich habe zu hoch
gepokert und jetzt verloren! Ich kann Ihr "sich zurückziehen" nicht verkraften, auch wenn Sie das nicht so "sehen", aber ich "spüre" es nun mal ganz deutlich.*

*Es gibt für mich keine Perspektive mehr. Um meinen
Körper brauchen Sie sich also auch keine Sorgen mehr
zu machen - der ist hinüber. Ich kann das selbst sehr gut
beurteilen! Ja, Samstag vor einem Jahr, da war der Führerschein weg. Und damit Sie begreifen, "wie gut" es das*

Schicksal mit mir meint, hier noch drei weitere Gründe für den endgültigen Abgang.

a) Das Schreiben eines Gerichtsvollziehers, der mich nicht zu Hause angetroffen hatte, einen weiteren Termin für nächsten Dienstag mit Unterzeichnung der "eidesstattlichen Erklärung (Offenbarungseid)" angekündigt hat,

b) Als ich gestern zurückgekommen bin, ist mein Hausschlüssel samt Briefkasten-, Garagen- und Fahrradschlüssel + dem Hausschlüssel meiner Mutter in den Schacht unterhalb meines unteren Duplex-Garagen-Stellplatzes gefallen. Keine Chance, da ranzukommen! Ich musste zu meiner Mutter fahren, um den Ersatzschlüssel von mir zu holen, den sie hat. (Auch zum Schlösser-Knacken ist mir im Moment wirklich nicht zumute, besonders, weil dann auch die Schlösser zu ersetzen wären, was wieder Geld kostet.

c) Heute morgen musste ich feststellen, dass meine Tiefkühltruhe kaputt ist! Auch da habe ich kein Geld für eine Reparatur.

Es passieren lauter Dinge, die mir eben sagen, dass meine Zeit zu Ende ist. Ich habe keine Kraft, keine Motivation mehr, ich kann nicht mehr schlafen - das alles merke ich eben auch körperlich, nebst den anderen Dingen, die sich auch physisch abspielen. Ich betrachte das alles ganz nüchtern, weil ich eben weiß, dass jetzt alles vorbei ist.

Wie gesagt, das letzten Donnerstag und Freitag war nur ein letztes verzweifeltes Aufbäumen, so der "Zwang", das Leben im "Spiel" zu beenden und den anderen damit vielleicht noch ein wenig "Spaß" bereitet zu haben. Einen besseren Abgang für eine verhinderte "Künstlerin", "Spielerin" kann es doch gar nicht geben! Ich bin auch nicht *mal mehr verzweifelt, weil jetzt ja alles so klar ist! Mein "Spiel" ist zu Ende!*

*Very truly yours for eternity! Jocelyne N.*

Es waren irgendwie neue Töne, und doch habe ich sie schon so oft von gehört: dass es zu Ende sei, Abgang, sinnlos, aus. Aber dass schon so kleine Dinge wie einen Schlüssel verlieren oder ein defekter Tiefkühlschrank dazu gehören, sich umbringen zu müssen, war neu und doch ist es typisch für viele Suicide. Es hat mir Sorgen gemacht und so schrieb ich zurück, dass es wichtig sei uns das nächste Mal zu sehen.

Vielleicht hätte ich ernster schreiben sollen, die pauschalen Worte haben ihr sicher nicht so gefallen. Trotzdem wollte ich gerade damit darauf hinweisen, dass uns etwas Wichtiges verbindet, das eben unmittelbar jetzt aus dem tiefsten Unbewussten als Chiffre, Rune, erst gerade lesbar werdender Teil auftaucht. Und so war es doch auch. Denn das Wesentliche sagt sich anscheinend doch nur in Chiffren, in Formeln oder Signifikanten . . . . und irgendwann ist es dann vielleicht auch egal, ob es Tod oder Leben, Liebe, Sex oder sonst etwas heißt. Ich weiß nicht, ob es, dieses Wesentliche, dieses „Ding", dieses „Anders herum" von diesem unserem Buch einem fremden Leser herübergebracht werden kann. Aber wenn er wenigstens eine Andeutung davon mitnimmt, genügt es doch schon.

*Lieber Dr. Hu,*          *23. Mai 2007*

*. . . . dabei wollte ich Ihnen noch einiges erzählen. Ich habe gestern noch den Gerichtsvollzieher angerufen, ihm meine Situation geschildert, und wir haben einen Termin ausgemacht, wo ich zu ihm kommen soll, wo wir das al-*

*les besprechen und welche Möglichkeiten es für mich gibt. Sie sollen sehen, dass ich nicht untätig bin. Das „Burkitt Lymphom" von Jens, das ich am Mittwoch dabei hatte, habe ich auch überarbeitet - grausam, welche Fehler „Wissenschaftler" in ihrer Artikulation begehen (dafür kriege ich kein Geld) - Und heute bin ich ja auch wieder da!*

*Wie soll ich weiterleben, da Sie mir doch heute so klar gemacht haben, dass ich „nur" im Mittelpunkt unserer Gespräche stehe? Verstehen Sie nicht "diese" Qualen, mit denen ich seit mehr als einem Jahr leben muss? Und Sie haben heute wirklich in der tiefsten Wunde noch einmal den Dolch umgedreht!! Manchmal denke ich, Sie haben, was "Spüren", „Empfinden" anbelangt, völlig den falschen "Beruf" ergriffen! Sie haben mir heute wirklich "den Rest" gegeben Mit allem könnte ich fertig werden, wie mit dem Draht, aber damit nicht!!!! Dafür „spüre" ich viel zu sehr!! Begreifen Sie das denn nicht???*

*Your short abstract could be interesting for someone who doesn't "love" and "feel" you as I do, as a real "abstract" thing, not concerning real life, especially mine. Why do you hurt me in this very cruel way???? Why, why???*

*Yesterday, I played on my guitar "the last unicorn" (America) - I gave you the text in winter - that was real, I got new hope, why did you damage it with your mails today?? Why ??? Now I'm forced to go back to the forest to play my role as "the last unicorn", and to fulfil my destiny. And, as ever, you have won this eternal bet!! Okay, tonight I will listen to music: U2 - With or without you, Yes - Close to the edge, Robbie Williams - Misunderstood, and in the end Mike Oldfield - Tubular Bells IV, which could remind me of Ireland, I should listen to that - and in the very end, like now - Enya: Only time!!! We both don't have time any more. You told me that very clear today!!!*

*In the end I will give you a FORMULA-WORD of my own: "SILENCE OF THE FUTURE", as I wrote in a song. And this "silence" will happen to us - up to now. I've never loved a man so much like you, that's why I have to go now, like the ‚last unicorn,' - may be heading for "la Pointe du Raz", Finistère, Finis terrae, land's end - ‚life's end, my end. You gave me the only right inspiration with your mail today!! which else inspiration could I give you any more?? I'm suffering every second? My love for you is so deep that I can't stand it any longer*

*In eternal love Jocelyne - Wa-Sha*

Auf der einen Seite die normalen Geschichten aus dem Alltag, die wieder Hoffnung geben. Ist doch nicht so schlimm gewesen mit dem Schlüssel. Dann wieder heftige Schuldzuweisungen an mich. Ich hatte nichts Neues in meiner E-Mail geschrieben, und um dies zu klären, schrieb ich nochmals eine E-Mail hinterher. Doch höchstwahrscheinlich hat diese Nachricht Jocelyne N. gar nicht mehr erreicht, denn sie konnte die E-Mails nur in ihrem Büro öffnen, und dort war sie zu dieser Zeit nicht mehr. Kurz vorher hat sie mir noch am 27. Mai 2007 Folgendes geschrieben:

*.... Ich habe wieder quälende Nächte vor mir mit Bildern von Ihnen, die ich "spüre" und auch "sehe" und "höre", wo ich Ihre Stimme "höre". Sie sprechen, aber leider nicht mehr zu MIR! Das hat sich verändert. Deshalb ist alles noch schmerzhafter geworden für mich. Das ist es was ich als Ihren "Rückzug" bezeichne und das bringt mich um, jeden Tag ein wenig mehr, jede Stunde, jede Minute, jede Sekunde. Verstehen Sie das nicht?     Wa-Sha*

Dies war ihre allerletzte E-Mail. Zwei Tage später rief sie mich an und hat mir auf den Anrufbeantworter gesprochen, dass es ihr sehr schlecht geht. Ich habe bald zurückgerufen, und da hat sie wieder einmal erklärt, sie hätte jetzt etwas eingenommen, um zu sterben. Wir hatten dann ein Gespräch, das ich wieder hinausgezögert habe und in dem ich versuchte auf jede Feinheit in ihrer Stimme zu hören, um zu „spüren", wie es ihr wirklich geht. Ich habe dann betont, dass ich später nochmals anrufen will, einfach so, es ginge jetzt gerade nicht länger. Mein erneuter Anruf war dann um 23.30 Uhr, und ihre Stimme klang noch immer ganz normal, so dass ich mir sicher war, sie hat doch nichts genommen. Wir hatten einen Termin drei Tage später und sind so verblieben, dass wir uns da sehen. Trotzdem habe ich am nächsten Tag vormittags bereits wieder angerufen, um zu hören, wie es ihr geht und dass sie wirklich nichts eingenommen hat. So war es auch. Sie klang klar und unverändert. Ich habe nichts dazu gesagt, dass sie mich wieder angelogen hat. Im Gegenteil, ich war froh, dass es nicht stimmte. Ich habe ihr das bei früheren Gelegenheiten auch immer mitgeteilt, dass ich verstehe, dass sie dieses Reden, Drohen, Um-Hilfe-Schreien braucht.

Noch am Abend dieses Tages muss sie dann doch wirklich etwas genommen haben, Tabletten und Alkohol. Ihr Bruder hat mich angerufen, als sie sie zwei Tage später fanden. Schon am dem Tag, als sie nicht zum vereinbarten Termin erschien, war ich beunruhigt, denn das hat es eigentlich nie gegeben. Trotz allem dachte ich noch, dass es andere Gründe waren und nicht, dass sie sich bereits etwas angetan hat. Ich habe es vor mir verleugnet. Ich wollte es nicht wissen. An ihrem Telefon war die Mailbox an. Ich habe zweimal darauf gesprochen, dann nochmals eine E-Mail geschrieben. Doch zu diesem Zeitpunkt wäre alles schon zu spät gewesen. Wenn es auch nicht dazu gekommen ist, wie sie es sich gedacht hat, nämlich dass wir füreinander bestimmt sind und die sexuelle Vereinigung die absolute Erfüllung jeglicher nur denkbaren Einheit gewesen wäre, so ist es doch so, dass wir gerade durch dieses Buch, durch ihre Briefe, vielleicht ein bisschen von dieser „Meta-Einheit" herüberretten können in die Alltage der Menschen. Denn unsere Begegnung war trotz allem ungewöhnlich, gerade weil sie sich alles Äußerliche, Profane, Unwichtige und Nebensächliche versagt hat. Sie ist immer auf der Höhe extremer Spannung und Bindung, „angemessener Erotisierung" und dichter Erzählung, Kampf und Überhitzung, Hoffnung und Verführung und weiß Gott was noch geblieben. Nein, Gott weiß es nicht, wir wissen es. Bei Gott gibt es kein Wissen, bei ihm gibt es nur Struktur.

Und es gibt auch nicht einen Gott der *Liebe*, wie das Christentum uns weismachen will, vielmehr ist es die *Liebe*, die uns zum Gott macht. „Ihr seid doch die Götter", sagt selbst Jesus Isaija zitierend,[87] macht euch doch nicht klein und mickrig, liebt, liebt, wo immer ihr könnt! Das ist das Einzige, was man sagen kann. Dass Gott zuerst liebt, ist ein verhängnisvoller Irrtum. Wir müssen lieben, und wenn die *Liebe* glückt, dann mag man einen Gott mit ins Spiel ziehen, aber notwendig ist das nicht. Wir müssen die Dinge lieben, die Welt, die Spinnen und

---

[87] Joh 10, 34

die Rubiaceen, die Disteln und die Skorpione, die falschen und die richtigen Menschen. Auch Jocelyne N. war so gesehen eine Göttin, wenn auch eine schwarze Göttin, eine Göttin über das Reich der Natur, der Mythen, der Fabelwesen, der Tiere und all der Märchen und Menschen, die um sie waren einschließlich ihrer Tode. Jemand, der ihre Geschichte kannte, meinte, Jocelyne N. wäre eine von den Sternen verwirrte Scheherezade gewesen, aber ich konnte entgegnen: ja, eine von der Sternen Verwirrte war sie, aber die Scheherezade war ich. Ich habe mich bemüht den Tod zu vermeiden und ich habe tausend Geschichten dafür erfunden – aber die 1001ste hat anscheinend gefehlt!

Und so hat sie auch aus mir einen Gott zu machen versucht, wenn auch einen Gott von Mann, einen Virilitätsgott, auf dem sie immer insistiert hat und der ich in dieser Form nicht war. Ich halte an dem Wort Liebe fest, aber damit wirklich Liebe sich ereignen, sich ausdrücken kann, muss um eine Liebes-Formulierung gehen, die stets am Rande des Todes entlang gleitet in Form von etwas „Transerotischem", in Form von „Metasex", der jedoch nur im Rahmen der Psychoanalyse in einem intersubjektiven, ‚innerseelischem Raum' zu finden ist. Ich bleibe bei meiner Sprache des ‚innerseelischen Raums', wenn es um eine allgemeine Erklärung, um die Theorie oder Dialektik geht, innerhalb der psychoanalytischen Behandlung können natürlich andere Ausdrucksweisen – wie etwa die von G. Hansbury – treffender sein.

Denn wie transgender sind wir alle, muss man sich fragen, wenn es so intensiv um das Wesen des Eros als solchem geht. Die Transgender-Debatte war damals noch nicht so en vogue wie heute, aber Jocelyne N. hätte sie perfekt aufgegriffen, weil sie davon getroffen worden wäre, während das allgemeine Gerede über die Psychoanalyse als Dialektik von jener „Verführung zu schamloser Rede" und dem „leidvollen Verzicht auf beiden Seiten",[88] keine Synthese zusammengebracht haben würde. In einer vorletzten Mail hatte Jocelyne N. nachmals den Anfang ihres abenteuerlichen Lebens beschrieben:

*Da Sie ja gerne Geschichten von mir hören, erzähle ich Ihnen jetzt meine mit den Taxi-Fahrern. Ich schreibe immer mal so zwischendurch, weil ich ja auch noch arbeiten muss. Aber das Schreiben erleichtert mich ein wenig, weil ich Sie ja so lange nicht sehe. Also, Sommerferien 1985. Ich war wieder einmal mit Auto, Zelt, Hund unterwegs vers la France. Ich hatte mir diesmal vorgenommen, vor der Bretagne ein paar Tage in Paris zu verbringen, allerdings in einem Hotel, da die Camping-Plätze zu weit außerhalb lagen und auch nicht die besten waren. Ich fuhr also directment zum "office des touristes" auf der "Ile de la citè", bekam auch gleich ein Zimmer in einem billigen Hotel (eng, 7 Stockwerke, eine einzige enge Wendeltreppe, kein Lift, eben ein sehr, sehr altes - aber egal, das Hotel hatte einen kleinen Parkplatz).*

*In Paris Auto zu fahren ist ein Abenteuer. Draußen bin ich dann mit meinem Stadtplan zum nächsten Taxistand gerannt (der Hund war derweil im Auto, das in einem Halteverbot stand, aber damals war das in Frankreich nie so wichtig. Außerdem wusste ich ja, dass Napoleon nie-*

---

[88] Krutzenbichler, H. S., Essers, H., Muss denn Liebe Sünde sein? Zur Psychoanalyse der Übertragungs- und Gegenübertragungsliebe. Psychosozial Verlag (2002) S. 157, 159

manden an meinen "Merlin" - so hieß mein Auto, bordeauxroter Golf, den Sie auch schon mal auf einem Foto gesehen haben - ließ, da konnte ich sogar das Fenster offen lassen) und habe den erstbesten Fahrer nach dem besten Weg zum Hotel gefragt. Und wissen Sie was, dieser Herr - er hieß Martin - hat mich höchstpersönlich, mit seinem Wagen vorweg, zum Hotel geleitet. Ich war froh, dass ich einen Parkplatz gefunden hatte! Ich bedankte mich bei Martin, und wir kamen ins Gespräch. Ich wusste ja, dass Hunde in die Métro nicht rein durften. Als ich davon redete, sagte er: "Pourquoi ne prendre pas le taxi? C'est pas chere."

Und damit hatte er Recht. Damals wenigstens. Er gab mir dann die Adresse von eben jener Taxi-Kneipe im Marais-Viertel, und Wiliams und ich gingen noch am selben Abend hin. Es war eigenartig! Lauter fremde Menschen, auch Frauen, aber ich fühlte mich sofort wohl, Essen war erstklassig! Das Ergebnis war, dass am nächsten Tag viele Taxifahrer in Paris "la 'jeune fille" d'Allemagne avec des longs cheveux rouges, qui s'apelle Jocelyne, avec un chien noir et blanc, qui s'apelle Napoleon" kannten und ich für die Dauer meines Paris-Aufenthaltes, zum Teil gratis, zum Teil zum Métro-Tarif fahren konnte, wann immer ich wollte, auch nach Versailles!

Napoleon und ich blieben eine ganze Woche, bevor wir nach Westen aufbrachen, ans Meer, à la Finistère, Finis terrae, land's end..... Auf dieser Reise ist auch noch so viel mehr passiert, aber davon ein anderes Mal, wenn Sie wollen? Ich hatte heute auch zwei Geschichten in Form von Steinen, einem Granat und einem Opal, mitgebracht, die sich ganz woanders abspielten, in Kärnten, im Ösiland (sorry), aber heute war eben wieder alles so verbaut (wir haben heute Mars-Saturn -> Energie gegen Widerstand, Energie gegen Bestimmung, im 12. Haus, im Meer *des Unbewussten, als ich bei Ihnen war)! Und damit kehre ich zu dem oben erwähnten „Chante des Cygnes" zurück, in eigener Sache, und wieder schließt sich ein Kreis.*

Sicher war das alles noch unausgegoren, aber eine Weiterentwicklung dieser Texte hätte Jocelyne N. doch eine Aufgabe geben können. Ich habe selten so intensiv erfahren, wie nahe Tod und Leben einander verbunden sind. Ich habe viele ältere Menschen sterben sehen, aber das Leben eines vitalen Menschen zu verantworten, ist etwas anderes. Es gibt viele Momente oder Zustände, in denen sich Leben und Tod nicht unterscheiden. Im Traum z. B., in der exzentrischen Liebe, im Rausch. Dabei ist die Frage nicht die, ob wir lebendig oder tot sind, sondern wie bewusst wir mit diesen Zuständen umgehen, wie gut wir unseren „Felt Sense" eingeübt haben, wie gut wir über die Katharsis disponieren können und – so könnte ich noch anfügen, wie ‚inklusiv' wir gegendert sind. Ich denke, dass mein Innenraum weiblich genug ist, aber das habe ich auch erst lernen müssen.

Vielleicht ist Leben und Tod in ihren Essenzen gar nicht unterscheidbar. Vielleicht war Jocelyne N. zu sehr Magierin und Zauberin und ist ähnlich wie die oben erwähnte Sphinx – nunmehr jedoch an der Illusion der omnipotenten Frau - gestorben. Denn selbst wenn es die universelle Frau nicht gibt, wie Lacan behauptet, darf man doch nicht daran verzweifeln. Man muss sich wenigstens auf die Wette einlassen, dass es sie gibt.

Letztlich kann ich Jocelyne N.s Tod nicht wirklich einschätzen. Hat sie nicht immer schon mit Tabletten großen Mengen Alkohol gespielt, ohne ganz sicher zu wissen, wie weit sie damit schon auf der Schwelle höchster Gefährdung war, und ist es dann eben einmal zuviel gewesen? Hat sie also ihr „Spüren", ihre „Erotisierung" sehr chaotisch gehandhabt? Oder hat sie bewusst und gezielt – was ich eher glaube – an diesem Tag in das Nichts hinüberwechseln wollen und geglaubt tatsächlich noch eine Spur, einen Hauch ihrer Liebe zurückzulassen, wie sie es selber einmal ausgedrückt hat? Zurückzulassen, damit es mich und alle anderen, die mit ihr verbunden waren, noch erreichen aber auch treffen sollte. Ja, treffen wollte sie mich damit auch! Schreibe ich dies alles, weil ich selber noch darin befangen bin und zwischen Leben und Tod nicht ganz unterscheiden kann?

Ja, ich glaube, dass es so ist. Ich muss diese Zeilen schreiben, weil die klassische Psychoanalyse uns hier eine Schwachstelle hinterlassen hat, eine Kluft, die wir schließen müssen. Dabei glaube ich nicht, dass z. B. die von mir zitierten Autoren wie D. Mann, F. Rosiello, J. M.Scharff und H. Pfannschmidt vollends auf dem richtigen Weg sind, weil sie zu wenig erklären, wie sie innerhalb der therapeutischen Erotisierung die nötige Distanz bewahren, weil ihre Ausführungen nichts darüber sagen, wie ihre Therapien wirklich ausgegangen sind. und weil sie eben nicht – genauso wie ich selbst – auf der Transgenderebene gepokert haben. Rosiello, die die Intimität in ihren Analysen bewusst vertieft, sagt nicht, wie sie diese mehr oder weniger unangemessene Erotisierung wieder auflöst.

Das von mir entwickelte und mehrfach erwähnte Verfahren der *Analytischen Psychokatharsis*, das der Betreffende zu Hause üben kann und daher nur seltenere Kontakte erfordert, hält das Gleichgewicht zwischen Liebe und Begehren, zwischen Psyche und Physis, *Übertragung* und *Gegenübertragung* besser in der Schwebe, auch wenn es bei schweren Persönlichkeitsstörungen, bei Psychosen und bei solch archaischen Übertragungen nicht immer schnell genug wirkt. Jocelyne N.s System, bei dem es um eine zentrale Kraft wie UZ geht, ist letztlich ein mythisches, den Religionen und der Mystik entlehntes System. Die zentrale Kraft teilt sich in Energieströme auf, wobei jede weitere Aufteilung auch eine umso stärkere Verkörperlichung und Materialisierung bedeutet. Es handelt sich also um eine Art von uraltem Schöpfungs- und Geist / Materie – Mythos, mit dem auch heute noch viele Menschen leben (z. B. Esoterik). Wissenschaftlich begründen lässt sich diese Weltanschauung nicht und in Jocelyne N.s Fall war sie wohl auch hinderlich.

Heute, nach dem Abstand von mehr als zehn Jahren ärgere ich mich auch über Jocelynes Dummheit. Ich kann es nicht anders sagen, dass auch ein Maß an Dummheit zu all ihrer Flucht in die einsamen Höhepunkte dazugehört hat. Aus der jetzigen Distanz heraus ist mir es möglich, so zu argumentieren. Ich hatte einige Patienten, die von sich selbst sagten, dass ihre Depressionen auch dumm sind, schwachsinnig, selbst wenn man gegen die Depression alleine nicht viel tun kann. Ich ärgere mich über diese ganze letzte Phase ihres Weggehens, die sie bis zum Geht-Nicht-Mehr zelebrierte. Diese bescheuerte Figur der Unimatrix-Zero! Inzwischen haben mir auch einige Frauen geschrieben, die dieses Buch gelesen haben, und erzählt, dass sie in fast der gleichen Problematik gesteckt haben oder noch stecken. Aber keine hat sich umgebracht, mit zweien hatte ich längeren Brief- oder Mail-Austausch.

Dennoch ich möchte nochmals betonen: die Alltagsliebe, auch das romantischste Fühlen, die religiöse, spirituelle oder sonst noch irgendwie auf andere Weise vereinnahmte Liebe ist nichts anderes als vielleicht eine sinnvoll soziale Funktion. Es ist Sympathie, eine warme, positive Bezogenheit wie es auch die übliche Mutterliebe ist.[89] Es ist tatsächlich zusammengefasste „Ich- und Objektlibido" wie Freud sagte und nicht mehr. Aber wir brauchen mehr. Es genügt nicht mehr, dass Psychoanalytiker und Philosophen oder gar Politiker und Medienmacher sich über diese Thematik verbreiten. Wir brauchen einen direkten und allgemeinen Zugang zu diesem überregionalen und tiefsten Eros, zur *Liebe* in ihrer umfassendsten Form, in einer der *Liebe* unterstellten Wissenschaft. Dazu muss man – wenn man dies einmal so sagen darf – die *Liebe* erfinden. Man muss sie gerade in ihrer Nähe zum Nichts erfinden, zur Dunkelheit, zur Negation, zum Tod.

Allenfalls die Menschen, die dieses Buch lesen werden, werden Jocelyne N. und ihre Liebe immer wieder etwas aufleben lassen. Diese Menschen, die es lesen, werden das Leben spüren, das gerade der Tod freigibt, weil die Liebe darüber hinausgeht, wie es schon seit eh und je in allen Geschichten über die Liebe steht.

---

[89] Ich habe jedoch eingangs erwähnt, dass die Mutterliebe meistens sehr wohl Erotisierungen enthält, mit denen wir uns ja in der Psychoanalyse ausgiebig beschäftigen und die eben wohl immer zu der üblichen Kindheit dazugehören werden.

# Weiterführende Literatur

Abend, S.M., et al. Psychoanalyse von Borderline-Patienten Vandenhoeck & Ruprecht (1983)

Bauriedl, T., Auch ohne Couch, Verlag Intern. Psychoanalyse (1994)

Griscom, C., Der weibliche Weg, Goldmann (1991)

Hollweg, W.H., Von der Wahrheit, die frei macht. Erfahrungen mit der tiefenpsychologischen Basistherapie, Mattes-Verlag (1995)

Freud, S., Ges. Werke, Band I-XVIII, Fischer (1999)

Gromus, B., Weibliche Phantasien und Sexualität, Quintessenz (1993)

Hummel, G., v., Psychoanalyse / Meditation BoD (2019)

Kernberg, O.F., Liebesbeziehungen, Klett Cotta (1998)

Lacan, J., Schriften I – III, Walter-Verlag (1975)

Lacan, Le Seminaire I, II, III, IV, V, X, XI, XVII, edition seuil (1980 – 2005)

Laplanche, J., Pontalis, J.B. Das Vokabular der Psychoanalyse, Suhrkamp (1989)

List, E., Die Präsenz des Anderen, ed. suhrkamp (1993)

Mann, D., Psychotherapie, eine erotische Beziehung, Klett-Cotta (1999)

Mulack, C., Die Weiblichkeit Gottes, Kreuz-Verlag (1992)

Plato, Sämtliche Werke, Insel-Verlag (1991)

Reinert, T., Therapie an der Grenze: Die Borderline-Persönlichkeit, Pfeiffer bei Klett-Cotta (2004)

Roazen, D., Der innere Sinn, Archäologie eines Gefühls, Fischer (2012)

Hofstadter, D., Die Analogie, Klett-Cotta (2014)

Schmidt-Hellerau, C., Lebenstrieb & Todestrieb, Libido & Lethe, Verlag Intern. Psychoanalyse (1995)

Schubart, W., Religion und Eros, Beck (1989)

Seidler, G., Der Blick des Anderen, Verlag Intern. Psychoanalyse (1995)

Steeck, U., Das Fremde in der Psychoanalyse, Pfeiffer bei Clett-Kotta (1993)

Weiß, H., Der Andere in der Übertragung, frommann-holzboog (1988)

# Weitere Veröffentlichungen des Autors

### Analytische Psychokatharsis

Psychoanalytische Theorie und kathartische Meditation können nicht einfach ineinander überführt werden. Setzt man beide Verfahren aber durch ein entscheidendes Element (einen „linguistischen Kristall") in Beziehung, lässt sich ein eigenes neues Verfahren begründen. Die Psychoanalyse und die meditativen Methoden werden diskutiert, und die Praxis des eigenen Verfahrens wird ausführlich beschrieben.

**‚teetrunken'** Ausgangspunkt des Buches stellt die Lehre des Psychoanalytikers O. Graf Wittgenstein dar, der davon ausging, dass der Mensch in sich drei Teile birgt, die er nur verschiedentlich zu einer Einheit bzw. einheitlichen Persönlichkeit verbinden kann. Die letztliche und ideale Einheit nennt er den 'Trialog'. Anhand der Schilderung mehrerer Bergbesteigungen durchstreift der Autor alle möglichen kulturellen und psychologischen Fragestellungen, um im Endeffekt den 'Trialog' durch das Wandern, Meditieren und intellektuelle Verarbeiten zu erreichen.